大恐慌期の米国金融政策

西戸隆義 著
Nishido Takayoshi

東京 白桃書房 神田

目 次

序章 …………………………………………………………………………… 1

第 1 章　1930 年代初期の金融恐慌 ………………………………… 5
　1.　銀行破産の進展とハイパワード・マネー需給
　2.　金融危機の実体経済への影響
　3.　連邦準備法の硬直性
　　　（ア）割引適格手形
　　　（イ）自由金問題

第 2 章　1920 年代期の連邦準備制度 ……………………………33
　1.　公開市場投資委員会の設立と発展
　2.　通貨管理原則について
　　　（ア）通貨管理の自動性原則の失効
　　　（イ）政策運営の枠組み
　　　（ウ）季節的通貨需要と連邦準備政策

第 3 章　連邦準備制度の金融政策，1929年8月－1933年3月 ……65
　1.　景気循環的不況局面での金融政策，1929年8月－1930年10月
　2.　金融恐慌局面での金融政策，1930年11月－1931年12月
　3.　金融緩和政策と銀行制度の最終的瓦解，1932年1月－1933年3月

終章 ………………………………………………………………………… 165

注　　　176

参考文献　　193

あとがき　　201

序章

　サブプライムローン問題を端緒とした米国の金融危機は，2008年9月15日のリーマンブラザーズの破綻後に1930年代初期における大恐慌時の金融危機の招来ではないかという懸念をもたらした。しかし，バーナンキ連邦準備制度理事会議長の率いる連邦準備制度は，それを阻止した。確かにリーマンショック後に米国をはじめとする世界各国の経済活動は落ち込み，厳しい不況を経験した。しかし，1930年代初期のように銀行制度が瓦解し，実体経済が史上未曾有の大不況となる事態には至らなかった。

　よく大恐慌の教訓という言葉を耳にする。米国のサブプライム危機が1930年代初期のような銀行制度の瓦解に至らず，大不況を回避できた背景には，この教訓が活かされたからであろう。大恐慌に関する著名な研究家と知られるバーナンキは，ことさらこの教訓に忠実だったものと考えられる。サブプライム危機時にはニューヨーク連銀総裁として，その後のオバマ政権時には財務長官として金融危機の対応に追われたティモシー・ガイトナーは，彼の回顧録でバーナンキについて次のように述べている[1]。「ベン・バーナンキ議長はバジョットを信奉していて，危機の際に対策を行えない中央銀行家は事態を急激に悪化させると確信していた。」そして彼は，「1930年代の銀行家の二の舞にはならないと決意していた。」また，バーナンキ自身も，準備制度理事会議長に就く以前の理事時代に，シカゴ大学でのミルトン・フリードマンの90歳の誕生日を祝う催しで次のようにスピーチしている。「ミルトンとアンナに申し上げたい－大恐慌の研究について，あなた方の言っていた

1

ことは正しい。大恐慌を引き起こしたのは FRB だ。これは非常に悔やむべきことです。それでも，お二人のおかげで FRB は二度と同じ過ちを繰り返さないでしょう。」[2] 周知の通り，ミルトン・フリードマンとアンナ・シュワルツによる「アメリカの金融史，1867 年 – 1960 年」[3] の研究で，大恐慌時の連邦準備政策がいかに稚拙であったかが強調された。そして準備制度理事会議長として金融危機の対応にあたったバーナンキは，政策目標のフェデラルファンズ・レートがゼロ近くまで低下し，従来の政策枠組みではこれ以上の緩和政策がとれず，この先は未踏の領域となった時点で，次のように考えたことを回想している。「ほとんどの同僚たちと私は，1930 年代に FRB が犯した失態を二度と繰り返さないことを堅く心に決めていた。当時の FRB は急激なデフレを防ぐのに必要だった金融対策の展開を拒み，大恐慌を大幅に悪化させてしまった。」[4]

1930 年代初期の金融恐慌を阻止できず，大恐慌の主要な原因の一つとなってしまった連邦準備制度の「ばかげた金融政策」[5] は，今後も生ずるかもしれない金融危機のたびに引き合いにだされるであろう。そして，その教訓はサブプライム危機の時と同様に今後も活かされるであろう。このように考えると，日本で本格的に研究されているとは言い難い大恐慌時の連邦準備政策を検討することは非常に興味深く，また有意義である。こうした問題意識の下，本書では大恐慌期の連邦準備政策の展開を考察する。もし本書に既存の研究とは異なる何らかの意義が見出せるとするならば，それは連邦公開市場投資委員会の議事録等の一次資料に基づき政策意思決定過程まで掘り下げて金融政策の展開を吟味している点にあると考える。

上記の連邦準備政策の具体的な展開については第 3 章で考察する。第 1 章では予め，1930 年代初期の金融指標とりわけハイパワード・マネー，連邦準備信用および市場利子率等の動向を示し，金融危機がどのように進展したのかを明らかにする。同時に連邦準備政策の失態を指摘し，第 3 章の予備的な考察を含めて，なぜ当時の連邦準備制度が適切な金融政策を実施できなかったのかという問題を，連邦準備法の硬直的な規定に求めた見解について

検討する。

　大恐慌期の金融政策を論ずるに当たっては，制度的な歴史段階を踏まえたうえで客観的に当時の政策を検証する態度が重要である[6]。そこで第 2 章では，1930 年代初期の連邦準備制度がどのような歴史段階にあったのかを確認する。現在の連邦準備制度の政策決定機関は連邦公開市場委員会であり，これは 1933 年銀行法による連邦準備法の修正条項によって設立された。また，現在の連邦準備制度の最高意思決定機関は連邦準備制度理事会（Board of Governors of the Federal Reserve System）であるが，1913 年の連邦準備制度設立当初に組織された連邦準備局（Federal Reserve Board）が 1935 年に改組されたものである。しかし，連邦準備局は単なる連邦準備諸銀行の監督機関であり，設立当初の分権構造の下では到底，連邦準備制度の最高意思決定機関と呼べるものではなかった。このように現在と当時とでは，連邦準備制度の内実は大きく異なっている。だが，実際には 1922 年 5 月に準備制度内部に政府証券売買を集中的に行う委員会が組織され，現在の連邦公開市場委員会と同様の公開市場政策を実施していた。また，連邦準備局も 1920 年代期には諸連銀に対する監督権限を逸脱して政策決定への関与を深めていった。こうした 1920 年代期の制度面での変遷の延長線上で，連邦準備制度は 1930 年代の金融危機を迎えることになる。それゆえ大恐慌時の連邦準備制度の歴史段階を確認するには，1920 年代期の連邦準備制度の進展について理解する必要がある。

　第 3 章では，第 1 章で検討した連邦準備政策の問題および第 2 章で検討した連邦準備制度の歴史的段階を踏まえて，より詳細に大恐慌時の連邦準備政策を意思決定過程まで掘り下げて考察する。そして，なぜ当時の連邦準備制度は金融危機を阻止するための適切な政策を実施しなかったのかという問題を解明することが，本書の最終的な目的である。

第 1 章

1930 年代初期の金融恐慌

　本章では，ニューヨーク株式市場が崩壊した 1929 年 10 月から，ルーズベルト大統領によって全国銀行休日が発令された 1933 年 3 月までの，いわゆる大恐慌期の金融危機について考察する。具体的な政策意思決定を中心とした金融政策の本格的な検証は第 3 章で試みるとして，本章の第 1 節では，予めこの金融危機についての考察を通して当時の連邦準備政策の問題点を明らかにしておきたい。そのためには，大恐慌期の金融情勢がどのような経緯で悪化してしまったのかを明確にしておく必要がある。この経緯を理解することで，当時の連邦準備政策の問題点がより鮮明になるはずである。第 2 節では，金融危機と実体経済の関係を検討する。大恐慌の原因については，ケインジアン–マネタリスト論争に代表されるように，それが実物要因によるものなのか，あるいは貨幣要因によるものなのかという，おそらく決着が困難な問題がある[7]。ここでは，ケインジアン–マネタリスト論争に立ち入ることはせず，金融危機によって生じた銀行組織の脆弱化が実物経済に及ぼした影響を，貨幣と銀行信用という観点から検討する。第 3 節では，大恐慌当時，連邦準備政策に関わった政策担当者らの多くが抱いていた政策遂行上の問題について検討する。具体的には割引適格手形と自由金の不足という問題である。

1. 銀行破産の進展とハイパワード・マネー需給

　米国では1929年8月から1933年3月までに工業生産は53％，卸売物価は38％低下し厳しい景気縮小を経験した[8]。経済の実物面に限らず金融面でも類をみない混乱の様相を呈した。銀行破産は頻発し，それに伴って退蔵目的で公衆によって保有された通貨は激増した。これとは逆にマネーストックと銀行信用は激減し，株式，債券等の市場価格は暴落した。このような銀行破産の増加，マネーストックおよび銀行信用の激減そして証券価格の低下は相互に関連したものである。

　米国では繁栄の時代と言われた1920年代期においても銀行破産は珍しいことではなかった。表1-1は，1920年代期と1930年代初期の破産銀行数，破産銀行預金額等を示したものである。1921年から1929年までの破産銀行数の累計は5,712行にのぼり，1920年6月時点の営業銀行数に対する破産割合は19.8％であり，毎年かなりの数の銀行が破産していた。しかしこのよう

表1-1　破産銀行数，破産銀行預金額，銀行破産割合，破産銀行平均預金額（1921～33年）

	(1)破産銀行数	(2)破産銀行預金額〔単位1,000ドル〕
1921年	505	172,188
22年	366	91,182
23年	646	149,601
24年	775	210,151
25年	618	167,555
26年	976	260,378
27年	669	199,329
28年	498	142,386
29年	659	230,643
30年	1,350	837,096
31年	2,293	1,690,232
32年	1,453	706,188
33年	4,000	3,596,698

(3)銀行破産割合

1921年-29年			1930年-33年		
1920年6月30日における営業銀行数	破産銀行数	破産割合	1930年1月1日における営業銀行数	破産銀行数	破産割合
28,885行	5,712	19.8％	23,631行	9,096行	38.5％

(4)破産銀行一行当りの平均預金額

1921年-29年	1930年-33年
284,211ドル	750,903ドル

注：(1)(2)(4)は相互貯蓄銀行を除く　(3)は相互貯蓄銀行と個人銀行を除く
（出所）*Federal Reserve Bulletin*, Sept. 1937, p.868, p.873, p.883.

な銀行破産は，米国独自の単体銀行制度，それによる小規模銀行の乱立状態を考えると，銀行淘汰の自然な過程であった。しかもこの破産は，1920年代期の繁栄を享受できなかった農業地域の銀行に限定されていた。農産物価格が高騰した第1次世界大戦期と戦後期に農家の負った抵当債務が，その後の農産物価格の暴落と長期停滞により，農業所得が著しく低下したため不履行となる機会が増え，農業貸付に関わった一部の銀行が破産した。だが，このような銀行破産の性格は大恐慌期に一変する。1930年－33年の銀行破産数は9,096行に達し，破産割合は1920年代期の倍近くの38.5％となった。破産銀行の預金額も大きくなり，1920年代期の破産銀行一行当たりの平均預金額が28.4万ドルであったのに対して，1930年－33年には75万ドルに増大した。破産銀行の規模も拡大したことが示唆される[9]。

　表1-2は大恐慌期の銀行破産をさらに詳しく知るために破産銀行数を月次で表したものである。この期間の銀行破産は1929年10月のニューヨーク株式市場の暴落と関係なく，米国経済が不況入りしてから1年以上経った1930年11月から1931年1月にかけて大規模化した。その後，1931年夏から1932年初頭にかけて，そして1932年12月から1933年3月にかけて断続的に大規模な銀行破産が発生した。銀行休日が宣言された1933年3月の3,460行という記録的な破産数をみると，銀行休日後に再開できなかった銀行が多数あったことから，厳しい不況が進行していた1930年から1932年の間に破産は免れたが実質的には債務超過に陥っていた銀行が多数あったことが示唆される。結局，銀行の合併・統合などを含めると，1933年時点では1929年との比較で1/3もの銀行が消滅した。

　1930年末期の銀行破産が1920年代期と区別されるのは単に数の面だけではなく，銀行破産が農業州の小規模銀行にとどまらず都市部の比較的大規模な銀行をも巻き込んで進展していったことである。例えばニューヨーク連邦準備地区では，1922年から1929年までに連邦加盟銀行（以下，加盟銀行）4行，小規模な非加盟銀行12行が営業を停止した。そのうち加盟銀行4行は再開したので，1920年代期には銀行破産とほぼ無縁であった[10]。ところ

表1-2 破産銀行数と破産銀行預金額 (単位1,000ドル)

	1930年		1931年		1932年		1933年	
	破産銀行数	破産銀行預金額	破産銀行数	破産銀行預金額	破産銀行数	破産銀行預金額	破産銀行数	破産銀行預金額
1月	90	26,523	198	75,712	342	218,867	236	133,057
2月	87	32,433	76	34,179	119	51,714	150	62,182
3月	80	23,172	86	34,320	45	10,874	3,460	3,276,368
4月	90	31,876	64	41,683	74	31,613	30	18,831
5月	59	19,383	91	43,210	82	34,370	12	32,725
6月	67	57,850	167	190,480	151	132,661	11	21,927
7月	64	29,756	93	40,745	132	48,743	12	10,728
8月	67	22,787	158	180,028	85	29,513	22	18,923
9月	67	21,568	305	233,505	67	13,508	13	6,885
10月	71	19,679	522	471,380	102	20,092	17	5,685
11月	256	179,931	175	67,939	93	43,319	8	2,470
12月	352	372,138	358	277,051	161	70,914	29	6,917
計	1,350	837,096	2,293	1,690,232	1,453	706,188	4,000	3,596,698

注:相互貯蓄銀行を除く。
(出所) *Ibid.*, p.907, p.909.

が1930年12月にニューヨーク市内に59の支店を有し,40万人の預金者と1億6,000万ドルの預金を持つ合衆国銀行(Bank of United States)が破産した。合衆国銀行は預金量で計った場合,米国の歴史上その時までに破産した最大の商業銀行であった[11]。

1930年末期に銀行破産が大規模化した理由は定かではない。それでも銀行破産が依然として農業州に集中していたのと,ニューヨークで起きた合衆国銀行の破産が放漫な経営によるものだったので,この時期の銀行破産の性格は1920年代期のそれの延長線上にあったものと考えられる[12]。つまり破産した銀行の大部分は基本的に不健全であり,預金に対する支払能力が欠如していたと推測される。1920年代期の米国では大企業の自己金融化が進み,銀行の優良商業貸付は停滞していた。そのため銀行制度に蓄積された過剰資金は不動産抵当貸付,証券担保貸付そして証券投資に向かい,このような担

保貸付や証券投資は1920年代後期には，かなり投機化し銀行資産の質の悪化を招いていたと言われる[13]。よって，すでに厳しい不況に突入してから1年以上が経過し，デフレ圧力で借入者の債務負担の実質価値が増加したと考えられる1930年末期の金融環境では，1920年代以上に銀行の不健全性が表面化し，多数の銀行が破産したのは当然のことである。

　だが，1931年以降の銀行破産は，1920年代期における銀行の投機的な行動によるもの以上に，銀行制度全体の流動性不足によるところが大きかった。それはまた当時の連邦準備制度の不活発な金融政策と大きく関係していた。図1-1は1929年1月から1933年3月までの流通通貨の残高と，連邦準備信用と金ストックの合計残高の変化率を表したものである。流通通貨は財務省と連邦準備銀行の外部に存在する通貨で，そのほとんどは公衆によって保有された現金通貨である。当時の国際金本位制度の下では，マイナーな変化しか示さない財務省通貨を除けば，金ストックと連邦準備信用の合計額がハイパワード・マネーの供給源泉となる。そして図には，ハイパワード・マネーの変化率に対する両者の寄与度も示されている。ハイパワード・マネー需要は流通通貨と加盟銀行準備で構成されるが，図1-1には流通通貨の変化率だけが示されており，加盟銀行準備の変化は図1-2に絶対額で表されている。

　図1-1より1930年代末から流通通貨は増加し始めることが分かるが，これは明らかに銀行破産の大規模化に伴って，銀行に不安を抱いた預金者が預金を現金に変換することを開始したためである。銀行破産が一旦は収まった1931年春に，流通通貨の増加率は低下している。しかし，この年の夏以降に1930年末期を大きく凌駕する銀行破産が生じると，相次ぐ銀行取り付けで流通通貨は急速に増加した。明らかに銀行制度は流動性危機に直面した。この増加が止むのは1932年2月以降で，その理由はこの2月より連邦準備制度は本格的に金融緩和政策に着手し，大規模な政府証券の買いオペ政策を実施したためである（詳細は第3章）。しかしこの政策は8月に終了し，1933年に入って記録的な流通通貨の増加率が示すように，銀行制度は三度

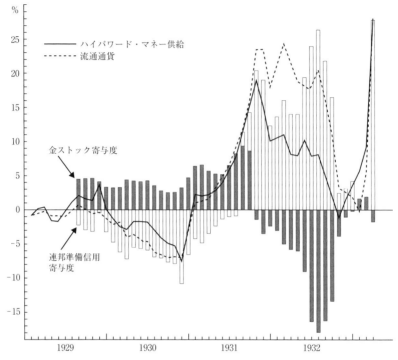

図1-1 流通通貨とハイパワード・マネー供給の変化率（平残前年同月比）

（出所）Board of Governors of the Federal Reserve System, *Banking and Monetary Statistics*, 1914-1941, 1943, pp.370-371.

注）以下，上記の統計を利用した本書の図表の出所については，この統計名のみを記す。

大規模な取り付けに見舞われる。

　この期間の連邦準備信用の動きをみると，金融政策の問題点は明らかとなる。1930年の期間のハイパワード・マネー供給の変化率の寄与度に注目すると，明らかに金ストックの増加を完全に相殺して余りある連邦準備信用の低下で，ハイパワード・マネーは縮小している。従って，連邦準備制度は厳しい不況期間に金不胎化を凌駕する引き締め政策を実施していたことになる。フリードマン＝シュワルツによると，主にこのハイパワード・マネーの減少

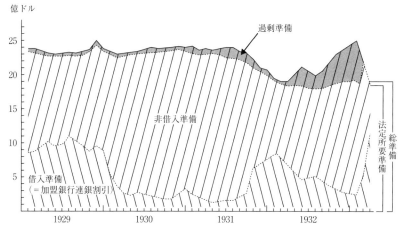

図1−2 加盟銀行準備(平残)

(注) 1933年3月の過剰準備額は不明。
(出所) *Ibid*., pp.370-371.

によって，この期間にマネーストックは2.6％低下した[14]。

1931年以降の連邦準備政策の問題点は明白である。流通通貨の需要を満たすだけのハイパワード・マネーの供給，とりわけ連邦準備信用の増加はなかった。このような状況で銀行が預金引き出しに対処するために現金を入手するには，銀行信用を清算する以外にない。確かに1930年末からイギリスが金本位制度を離脱した1931年9月までは，米国の経常収支黒字と，中央ヨーロッパの金融不安に誘発された米国への移り気な資本逃避によって金流入が増大し，これが通貨需要の大部分を賄った（図1−1寄与度参照）。しかし預金取り付けで銀行制度が受けていた流動性圧力を，金流入だけで除去できるものではなかった。その証拠は，図1−2の加盟銀行準備量と図1−3の市場利子率の動きに現れている。

米国の銀行は1920年代期には過剰準備をほとんど持たず，そのバランスシートはローン・アップの状態にあった。その銀行が1931年1月以降に過剰準備の蓄積を開始した。明らかに取り付けの不安から流動性を確保しよう

第1章 1930年代初期の金融恐慌 11

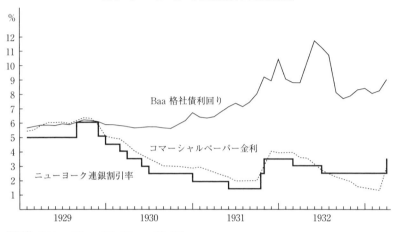

図1-3 ニューヨーク連銀割引率と長短金利

(出所) Ibid., p.441, pp.450-451, pp.469-470.

とする銀行側の自衛措置である。この蓄積はハイパワード・マネーの十分な供給がない状態のなかで行われたので，銀行信用の清算を通して実行される以外になかった。そのため，銀行制度全体では派生預金が減少した。この状況は，1931年以降の法定所要準備の低下に如実に現れている。そしてイギリスの金本位制離脱により金が流出に転じ，通貨需要の増大を満たすためのハイパワード・マネー供給の増加率が低下した1931年秋以降に，銀行は資産を大量に投げ売って通貨を入手せざるをえなくなった。過剰準備はもちろんのこと総準備までが激減し，銀行制度から大量に準備が流出する事態を招いた。

　過剰準備の蓄積や取り付けに対処しようと現金を入手するために清算の対象となった銀行資産は，主に長期債券であった。図1-3に示される諸金利のうち，1931年に入りBaa格の低級社債の利回りが急激に上昇したのはそのためである。この期間には低級社債のみならず政府証券を含めたすべての長期債の利子率は上昇，すなわち価格は低下した。なお，ニューヨーク連銀の割引率および短期利子率の動向については第3章で詳述する。1930年末

期の銀行破産の原因が何であろうと，1931年以降の銀行破産の主因は，次の1931年12月8日付のニューヨーク連銀の報告が明らかにしているように，銀行制度の流動性不足によって引き起こされた，このような債券価格の低下であった。

　第二地区［ニューヨーク連銀地区］の平均的な銀行は，資本総額の2倍から4倍の大きさの債券勘定を保有しており，そしてこの地区には，その債券勘定が資本総額すなわち資本金，積立金および内部留保を有に4倍を超えている銀行が150以上ある。それゆえ，標準的な指標に基づくと20％から25％に達する，今年の春以降に生じた債券価格の低下は，非常に多くの場合，時価で評価すると銀行の総資本に等しいか，それ以上の債券勘定の減価を導くという結果を招いた。とりわけ9月中旬以降の債券価格の厳しい低下は，深刻な債券勘定の減価をもたらした。（中略）
　もしこの地区の諸銀行が本日くまなく検査され，彼らの保有する債券が今日の市場価格で評価されたならば，控えめにみても諸銀行のうち300行近くが主に債券減価のために資本総額に等しいか，ほぼ等しい損失を示し，150から200以上の銀行はいくらかの損失を示すであろうと見積もられる。換言すると，この地区の加盟銀行の半数以上に，現在の市場価格で資本損失を引き起こすのに十分な債券勘定の減価がある。銀行は他の原因から若干の損失を被っているが，彼らの主要な困難は債券の減価にある。（中略）
　検査当局が債券減価の取り扱いにそれほど厳しくない手続きを採用しない限り，大多数の銀行が追加的に閉鎖されるであろうことは避けられないようである。もし諸銀行が債券減価という理由で閉鎖され続けるならば，状況はますます悪化していかざるをえない。それぞれの銀行閉鎖は付近の銀行からのさらなる預金引き出しの原因となっており，債券売却を一層必要とさせるので，債券市場により一層の圧力を課している。閉鎖された銀行が保有している債券を売却しているという理由で，圧力はすでに及んでいる[15]。

　大恐慌期の米国の銀行制度には，明らかに流動性不足によるシステミックリスクが顕在化していた。すなわち，銀行破産により銀行の安全に不安を抱いた公衆が預金を現金に換え，その対応として流動性を強化しようとする諸

銀行が主に債券を売却したため債券価格が大幅に低下した。この低下は銀行の債券勘定に減価をもたらし，これにより諸銀行には資本損失が発生した。この損失がさらに大きくなれば債務超過となり銀行は破産し，公衆の銀行に対する不安は一層高まり預金取り付けが頻発する，というように銀行制度は流動性強化と銀行破産の悪循環に陥ってしまった。つまり諸銀行の流動性強化を目的とした個々の行動が，逆に銀行全体の健全性を失わせ，結果として銀行破産が頻発するという事態に銀行制度は直面していた。まさに合成の誤謬である。もちろん連邦準備制度はこの状況を把握していた。以下の記述は1932年1月11日－12日に開催された公開市場政策会議で用意された資料からの抜粋である。

　この初秋における諸銀行からの異常な資金引き出しは，多数の銀行に対して貸付の回収もしくは減少で，あるいは証券の売却で，彼らそれぞれの状態を強化しようとする企を導いた。個々の銀行にとってこの処置は少なくとも当座はその状態を楽にするのに成功するが，それには他の銀行から預金を受け取るという，また証券市場もしくは商品市場に圧力を課すという効果がある。これらの作用の結果として預金を失う他の銀行は，今度は彼らがその状態を強化するために貸付あるいは投資を減少させる必要があると考え，負担は単に諸機関に回されるだけであり，この過程は繰り返される。このようにして銀行全体にとって収益資産の累積的な減少が進行してしまい，これにより預金は継続的かつ異常なほど急速に減少し，銀行の状態を回復させるのに代えて悪化させてしまった。（中略）
　過度に警戒的な現在の情勢下では，証券市場には通常の吸収力がないので証券保有のどの清算も証券価格に酷く激烈な効果を及ぼしている。わずか数ヶ月のうち合衆国政府債券は10％，高級社債は20％減価した。そして，それらより低級な債券はより一層大きな価格低下を示した。そのような割合での低下は必然的に多数の銀行の困難を非常に高めてしまい，今や個々の機関がその状態を強化しようとする努力が，一般的な銀行状態を酷く弱めてしまったことが明らかとなった[16]。

　この状況は1931年秋以降のものであるが，すでに1931年に入り諸銀行が，

総準備がほぼ一定の下で過剰準備の蓄積を開始し，法定所要準備を減少させていった過程で，緩やかに生じていた。詳しくは第3章で述べるが，連邦準備制度は1931年の早い段階で，諸銀行の流動性強化のための債券売却，それによる銀行の債券勘定の減価と銀行閉鎖，そして預金者の銀行取り付けの関係を把握していた。このように，当時の銀行制度は流動性不足から銀行破産の連鎖が引き起こされていることを，連邦準備制度は十分に認識していた。しかし連邦準備信用の増大を通してハイパワード・マネーを潤沢に供給するという適切な政策を，準備制度は1932年春までほとんど実施しなかった。1932年3月になって，ようやく10億ドル以上の規模の政府証券の買いオペ政策に着手し，連邦準備信用を大幅に増大させたが，上記の通り銀行制度の流動性問題は1931年の早い時期にすでに顕在化していた。なぜ連邦準備制度はこのような問題が発生した早い段階で適切な政策を実施して，銀行制度に十分な準備を供給しなかったのか。この問題については，第3章の政策意思決定を検討する行論で明らかにしていきたい。

2. 金融危機の実体経済への影響

　大恐慌期の金融危機が実体経済に与えた影響は，主にマネーストックと銀行信用の減少という経路を通してである。上述のように銀行制度は，預金取り付けにより準備流出に見舞われた。ここで留意すべきは，部分準備銀行制度の下での準備流出には，ハイパワード・マネーの追加供給がない限り，その乗数倍の銀行信用と預金の縮小が伴うことである。フリードマン=シュワルツによると，金融危機の最中の1931年8月から1932年1月までに，公衆の保有する通貨が7億2,000万ドル増大した一方で，ハイパワード・マネーは3億3,000万ドルしか増加しなかったので，銀行制度はこの差額となる3億9,000万ドルの準備流出を受けた。そして彼らは次のように論ずる。「(前略) 諸銀行の1931年8月の総準備の12%に当たるこの3億9,000万ドルは，預金の乗数的縮小によってのみ，通貨の使用目的で解かれることができた。

乗数を計算してみると約14なので，預金は57億2,700万ドルも，すなわち1931年8月の水準の15％だけ減少した。銀行の信任の喪失を非常に累積させ悲惨にしたのは，公衆に通貨として1ドルを利用可能にするには14ドルもの預金の減少が必要なことであった。ここでは銀行制度の有名な乗数的拡張過程が危険な逆回転の中にあった。その現象はまた，表面上とるに足らない施策がいかに重大な効果を持つかということも説明する。銀行準備を減少させることなく通貨需要を満たすために4億ドルのハイパワード・マネーの追加供給があったならば，約60億ドルの預金の減少は防がれえたであろう。」[17] 結局，景気のピークとなる1929年8月から景気のボトムとなる1933年3月までに，マネーストックは主に金融危機の影響を受けた上述の貨幣乗数の逆回転現象によって1/3も減少した[18]。

このマネーストックの激減が大不況をもたらしたことは紛れもない事実である。ケインズの流動性選好説が明らかにするように，貨幣はリスク・フリーの一つの金融資産として機能する。しかし，その最大の機能は支払・決算手段である。この機能を重視すれば，貨幣は購買力そのものである。金融危機を防止できなかったために，購買力が1/3も失われた以上，通常の景気後退が大不況へと深化していったのは当然の成り行きである。

バーナンキは，マネーストックの減少に加え，預金取り付けによる銀行危機と，貸し手の債務不履行の増大による債務危機とによって生じたクレジット・クランチも大恐慌の重大な原因であると論じている[19]。彼によると，貸付市場はファーマによって示された情報や取引の費用が完全に無視できる完全市場から程遠い。情報の非対称性が存在するため，貸し手は借り手の持つ投資プロジェクトを正確に評価できないので，貸付市場は資金割当が行われる不完全市場である。そこで，社会的厚生を最大にする信用割当を行う機能を信用仲介機能と定義し，これは具体的には最終貯蓄者から良質な借り手に資金を運ぶ機能のことである。この信用割当の遂行に必要な費用が，信用仲介費用である。信用仲介費用は，借り手に対する審査，監視のための費用，さらに借り手のモラルハザードを見ぬけなかった場合に悪質な借り手から受

けると予想される損失といった諸費用から成る。一般的に銀行は，様々な貸し手の中でも信用仲介費用を最小化できる主体である。なぜならば，銀行は他の貸し手より潜在的な借り手を評価する専門知識を多く持っているし，様々な顧客と長期的な取引関係を確立しているからである。

　バーナンキによると，信用仲介費用を直接観察する方法はないが，大恐慌期には銀行危機が発生したため，これが大幅に上昇したと容易に推測できる。この期間の預金の大量引き出し，取り付けの不安そして予防的な準備強化により，銀行は非常に流動的な資産を獲得しがちになり，このことが信用仲介における銀行制度の役割を縮小させた。そのため信用の代替的経路の重要性は高まったが，銀行が蓄積している情報や顧客関係，そして銀行の専門知識を前提とすれば，このような信用仲介の銀行から他の金融機関への急速な切り替えは，間違いなく信用仲介費用を上昇させ，そのため資金割当の効率は悪化した。

　同時に，借り手の債務不履行の増加も信用仲介費用を上昇させた。バーナンキによると，銀行は潜在的な借り手に資金を貸し付けようとする場合，対極的な二つの貸付契約を選択することになる。一つは，借り手の活動を契約の一部にし，借り手の投資プロジェクトの結果に応じて返済を求めるという契約である。この契約の最大の欠点は，貸し手側の監視費用が高くつくことである。もう一つは，「ある日付に，ある金額の返済が行われる」ことを取り決め，貸し手は借り手に返済能力がある場合にのみ貸し付けるという，非常に単純な方法による契約である。こちらの契約が一般的であり，とりわけ小規模の借り手との契約では圧倒的に優勢である。この単純な契約において審査，監視そして予想損失といった信用仲介費用を引き下げるのに活用される装置が，担保である。もし借り手が銀行に差し押さえられてもよい資産を持つのであれば，銀行が直面する不履行リスクは小さくなり，同時に借り手に対しても担保喪失の脅威は，優良プロジェクトへのみ貸付を利用するという誘因を与える。従って単純な貸付契約と担保との組み合わせは，低い信用仲介費用を実現する。このように考えると，1930年代初期の債務危機が

信用仲介費用を上昇させたことは明らかである。実際に借り手側に債務不履行が発生したという事実は，債務負担と比較して借り手に対して貸し手が差し押さえた担保価値が大幅に減価したからに他ならない。その結果，借り手の債務不履行が増加するにつれて，銀行はディレンマに直面した。担保の活用による貸付契約はますます不履行のリスクが高まり，だからといって借り手の活動を契約の一部にするような複雑な形式の契約は，より多くの費用が発生した。いずれの場合も，信用仲介費用は上昇せざるをえなかった。

　バーナンキは，銀行危機と債務危機によって生じたこのような信用仲介費用の上昇が，大恐慌期の信用割当すなわち信用仲介機能に決定的な打撃を与えたと主張する。諸銀行がより高い信用仲介費用に対応するには，二つの方法しかない。一つは貸し手に課す金利を引き上げることである。しかし，金利負担の増加が不履行リスクを高めるのであれば，それは反生産的である。さらに金利の引き上げは，貸付市場から安全な投資プロジェクトを保有する良質な借り手を締め出し，危険なプロジェクトしか保有しない悪質な借り手だけを残すという逆選択の問題を生み出す。したがって信用仲介費用の上昇に対する銀行の一般的な対応は，平時には貸し付けたかもしれない借り手らに，まさに貸付を拒絶することである。これが小規模の借り手からの資金需要があったにもかかわらず，信用仲介費用が上昇したために銀行信用が縮小したという，大恐慌時の金融仲介の実態である。効率的な資金割当が欠如し，実体経済は悪化の一途をたどった。

　フリードマン＝シュワルツもバーナンキも，仮に景気後退の契機が大恐慌以前の期間の過剰投資や過剰消費の巻き戻しであったとしても，不況の深化の最大の原因は金融危機そのものであると考えている。バーナンキは，2007年から2009年の最近の金融危機を理解するに当たっても，それが典型的な金融恐慌の直系だったと解釈するのが理に適っていると述べ，危機自体の激しさが，金融経済の被った膨大な犠牲と負担の主因であると論じている[20]。

3. 連邦準備法の硬直性

　これまで議論してきたように，大恐慌期の銀行制度が直面した最大の問題は流動性不足であった。銀行取り付けに対し連邦準備制度が適切な措置をとらなかったので，諸銀行は流動性を確保するために銀行資産を売却せざるをえず，それにより市場性資産の価格が急落し一層の銀行破産が生じた。そのため公衆の銀行不安がますます高まり，さらなる取り付けが発生するという悪循環に銀行制度は陥ってしまった。連邦準備制度が十分なハイパワード・マネーを供給していたならば，この連鎖は断ち切られ銀行制度が瓦解するという事態には至らなかったであろう。もしそうであれば，マネーストックと銀行信用の縮小は回避され，大恐慌は起こらなかったかもしれない。繰り返し述べるが，このような適切な政策を実施しなかった当時の連邦準備政策の詳細については第3章で取り上げる。それでも，予め当時の政策担当者らが認識していた大恐慌時の政策運営上の問題について確認しておくことは，後の考察をより深く理解するうえで有益である。この政策運営上の問題とは，具体的には割引適格手形と自由金の不足である。

　大恐慌当時，連邦準備局調査統計部門の最高責任者だったゴールデンワイザーは，退官後の著作の一節で，この期間の連邦準備政策を以下のように簡潔に概説している[21]。ニューヨーク株式市場が崩壊した1929年10月から，イギリスが金本位制度を離脱した1931年9月までの連邦準備政策について，彼は次のように述べている。「この環境下での適切な金融政策は，信用状況を緩和する政策であったことは明らかである。従ってすべての準備銀行の割引率は，1929年秋において効力を持っていた5％ないし6％の水準から，1931年秋までに1½％ないし3½％まで漸進的に引き下げられた。」金利政策についてこう論じたあと，公開市場政策について次のように述べている。「準備制度は公開市場政策にも着手し，その合衆国証券のポートフォリオは，1929年秋における2億ドルという低水準の地点から，2年後には7億ドル以上へと増大した。後の経験に照らせばこの額は小さいようだが，当時の5億

ドルの準備貨幣は，60億ドルの銀行信用を支えることができ，準備へのかなりの追加と考えられていた。」こうした金融政策，特に公開市場操作について，ゴールデンワイザーは，デフレーションを阻止するのに十分だったのか，また実施が遅すぎたのではなかったかという問題は論争点であると述べたうえで，イギリスが金本位制を離脱した後の金融政策については，以下のように全く不適切であったと論じている。

連邦準備制度は1931年9月のイギリスの金本位制離脱後に生じた米国からの金の対外流出に直面して，「一般的に認められている中央銀行政策に従って，割引率と銀行引受手形買入率を引き上げ，金融緩和政策から一時的に離反した。」ここで言う一般的に認められている中央銀行政策とは，対外金流出には高バンク・レートで，というバジョット・ルールである。ゴールデンワイザーは，金融緩和政策の中断が金融情勢に悪影響を及ぼしたことは不幸であったが，当時の状況では対外金流出を阻止するための高金利政策は致し方なく，これは「正説への一時的回帰であった」と論じる。しかし，彼のバジョット・ルールへの言及は不完全である。「対外金流出には高バンク・レートで」「国内通貨流出には自由貸付で」というのがバジョット・ルールである。国内の通貨不足の問題を解消できなかった準備制度にとって，自由貸付が不十分だったことは明らかである。そしてゴールデンワイザーは，次のように述べ，この点を認めている。「準備制度が手形割引を通して加盟銀行に十分な援助を与えなかったという，また公開市場で精力的な購入政策を追求しなかったという事実が高金利政策より一層重大であった。」彼によるとその理由は，（ア）「割引のための手形の適格性に関して硬直的な諸規則を規定し」，（イ）「政府証券を連邦準備券に対する受領可能な担保から除外している」連邦準備法にある。

以上のようにゴールデンワイザーは大恐慌期の連邦準備政策を概括したが，肝心の上記の（ア）と（イ）の問題について詳しく議論していない。そこで（ア）に関しては，連邦準備制度が十分な手形割引を行えなかったほど，その当時，割引適格手形の残存量は減少していたのか，また仮に割引適格の要

件が緩和されたなら銀行制度の流動性問題は解消されたのか，という点について検討する。(イ)は，いわゆる自由金問題と呼ばれるもので，こちらについても自由金問題により，準備制度は公開市場政策を積極的に遂行できなかったのか，という点を検討する。

(ア)　割引適格手形

　加盟銀行が連邦準備銀行で割引の便宜を受けられる適格手形は，商業貸付理論に従う短期の自己流動的な真正手形（6ヵ月未満の農業手形のような若干の例外もある）と，これらの手形および政府証券を担保として加盟銀行が振り出す約束手形，そして貿易金融で利用される銀行引受手形である。ただし銀行引受手形については，貿易振興のために米国でもイギリス並みの貿易金融を拡大させる目的で銀行引受手形市場を育成する必要から，連邦準備制度は公開市場でこの手形を買い入れるようになった。統計上，適格手形のうち銀行引受手形は買入手形と，他の適格手形の連銀による再割引と政府証券を含めたこのような適格手形を担保とした連銀貸付は割引と表される。ゴールデンワイザーが，連邦準備法は割引のための適格性に硬直的な諸規則を規定していると述べたのは，上記の適格性の範囲は狭く，もし適格性の緩和があれば，準備制度は大恐慌期に割引を通して連邦準備信用を十分拡大でき，銀行の流動性問題を解決できたということである。不況が深まり長期化すれば，これに伴って適格手形（政府証券を含めた場合は適格資産）も当然減少するので，適格性の緩和は必要だったのかもしれない。まず初めに，当時の適格手形および適格資産の実態を見ていくことにする。

　表1-3は加盟銀行の保有する適格資産額と連銀借入額を示したものである。確かに不況の深化とともに適格手形は減少していった。不況の初期段階の1929年12月31日において全加盟銀行の保有する適格手形は約44億ドルであったが，銀行破産が頻発していた1931年6月には約32億ドル，そしてイギリスが金本位制を離脱した後の1931年12月には約26億ドルへと減少した。それぞれ，27％と41％の減少率である。準備市銀行と地方銀行をみ

表1-3 加盟銀行適格資産（政府証券＋適格手形）保有と連邦準備銀行借入〔100万ドル〕
（適格手形は再割引の下にある手形を含める）

	準備市銀行			地方銀行			全加盟銀行			連銀での借入合計
	政府証券	適格手形	合計	政府証券	適格手形	合計	政府証券	適格手形	合計	
1929年										
3月27日	2,832	2,582	5,414	974	1,761	2,735	3,807	4,343	8,150	981
6月29日	2,577	2,688	5,265	929	1,773	2,702	3,506	4,461	7,968	1,029
10月4日	2,469	2,865	5,334	912	1,733	2,645	3,381	4,598	7,979	899
12月31日	2,403	2,713	5,116	814	1,684	2,498	3,217	4,397	7,614	646
1930年										
3月27日	2,619	2,542	5,161	818	1,662	2,480	3,438	4,204	7,642	206
6月30日	2,640	2,285	4,925	772	1,620	2,392	3,412	3,905	7,317	274
9月24日	2,682	2,271	4,953	764	1,541	2,305	3,446	3,812	7,258	173
12月31日	2,777	2,100	4,877	708	1,438	2,146	3,485	3,538	7,023	248
1931年										
3月25日	3,584	2,045	5,629	776	1,373	2,149	4,360	3,418	7,778	165
6月30日	3,871	1,870	5,741	836	1,328	2,164	4,707	3,198	7,905	147
9月29日	3,942	1,787	5,729	994	1,209	2,203	4,936	2,996	7,932	323
12月31日	3,706	1,505	5,211	989	1,068	2,056	4,694	2,573	7,267	623
1932年										
6月30日	3,985	1,457	5,443	994	971	1,964	4,979	2,428	7,408	441
9月30日	4,623	1,508	6,131	1,003	916	1,919	5,626	2,424	8,050	331
12月31日	4,776	1,403	6,179	987	844	1,830	5,763	2,246	8,009	235

（出所）*Annual Report of the Federal Reserve Board* for 1933, p.169.

ると，1929年12月31日から1932年12月31日までの3年間に，準備市銀行の減少率は48％，地方銀行が50％で減少幅はほぼ同じであった。

　他方，加盟銀行の連銀借入を見ると，1931年12月31日の水準は6億2,300万ドルであり，1929年10月以降の大恐慌期間全体を通してみると，かなり大きな総額である。しかし，大恐慌期以前の1929年上半期の総額を下回っており，絶対額としてはそれほど大きなものではない。この6億2,300万ドルでは到底，大恐慌期に増大した通貨需要を満たせるものではなかった。従って，ゴールデンワイザーが言うように，準備制度は手形割引を通して加

盟銀行に十分な援助を与えなかったことになる。だがこの原因を，適格手形の減少に負わすことはできない。1931年末の適格手形総額は低水準にあったとはいえ，加盟銀行全体では依然として約26億ドル保有しており，この時点で適格手形総額に占める連銀借入総額の割合は24％に過ぎない。前述したように政府証券担保の約束手形も割引適格手形なので政府証券を含めた適格資産は，この時点で約73億ドル残存しており，適格資産総額に占める連銀借入総額の割合はたかだか8.6％に過ぎない。従って，加盟銀行全体としては大恐慌期に，当時の連邦準備法の割引規定の下でも十分な借入余力があった。

　加盟銀行全体としては連銀からの借入余力があったとしても，手形保有銀行の分布に偏りがあり，本来連銀借入が必要だった諸銀行に適格資産がなく，やはり適格資産要件の緩和は必要だったという議論はある。その根拠は，銀行対策の一環として1932年1月に全額政府出資で設立された復興金融公社が，商業銀行に多額の融資を行ったからである。復興金融公社は危機に瀕していた銀行をはじめ，社債不履行の恐れがあった鉄道会社などに「十分かつ適切な担保」を見返りに，1932年末までに総額15億2,500万ドルの救済融資を行った。このうち8億5,100万ドルは，銀行と信託会社が獲得した[22]。チャンドラーによると，この銀行への融資は閉鎖された銀行と非加盟銀行向けのものも含まれていたが，その大部分は適格資産を保有していない加盟銀行が非公表で獲得した（後に借入銀行名は公表された）。従って連邦準備法の規定する適格資産の幅が十分に広げられていたならば，これらの銀行はもっと早い時期に連銀からの借入が可能だったであろう，と指摘している[23]。また，ゴールデンワイザーは1931年9月時点で適格手形を保有していない銀行は100行弱あり，今後さらに増えるであろうと証言していたと伝えられている[24]。

　なるほど加盟銀行全体としては十分な適格資産があっても，個別的にはそれを保有しない銀行もあったので，適格資産の要件の緩和が必要だったというのは確かである。しかし，適格資産の範囲が限定的であったという問題と，

準備制度が加盟銀行に十分な貸付を行わなかったという問題は，切り離して考えるべきである。その理由の一つとして，1932年2月27日に制定されたグラス＝スティーガル法の緊急貸付条項に基づく連銀貸付の実態が挙げられる。この条項は，資本金500万ドル以下の加盟銀行に対して，通常では割引適格手形の担保として受領性のない資産を担保とする銀行振り出しの約束手形に，連銀が貸し付けることを認めた。ただしこれには，割引率を0.5％上回る金利が課された。このようなペナルティー金利が課されてはいたが，この条項に基づく連銀の貸付は，1932年末までに総額2,897万ドルに過ぎなかった[25]。復興金融公社が当初非公表で銀行に行った8億5,100万ドルの融資とあまりにも開きがある。実質的には，この緊急貸付条項により割引適格資産の範囲が緩和されたにもかかわらず，連銀貸付はほとんど増加しなかった。

　こうした背景には，米国では伝統的に加盟銀行は連銀借入を忌避していることがある。連邦準備制度側でも加盟銀行の連銀の割引窓口の利用は権利ではなく特権という認識があり，戦時期を除いてその利用を促進する態度にはなかった。加盟銀行側の連銀借入の忌避は，銀行不安が高まっていた大恐慌期には特に強まったと考えられる。なぜならば，銀行の報告書に連銀借入が記載されることは，公衆に財務基盤の弱さの象徴とみなされる可能性が高かったからである。

　興味深いことに，サブプライム危機時においても，連邦準備制度による商業銀行に対する連銀貸付の促進という目論見は失敗している。2007年8月17日に準備制度は割引率を0.5％に引き下げたが，予想通り銀行家たちは連銀からの借入が不名誉な刻印とみなされるのに神経質だった。そこで大手銀行が連銀からの借入の実績を残せば不名誉の刻印は取り除かれるものと考え，準備制度はシティバンク，JPモルガン・チェース，バンク・オブ・アメリカそしてワコビアにそれぞれ5億ドル貸し付けた。しかし，全体で20億ドルを借り入れた4大銀行は，明らかに不名誉というものを意識したのか，彼らの発表の中で連銀借入は必要がなかったと言い放った。これらの借入は短

期間のうちに全額返済され，結局，この5週間後の連銀借入は，貸出基準を緩める以前の水準を下回った[26]。

このような伝統的な連銀借入の忌避が強まったと思われる大恐慌期には，割引適格資産の要件の緩和があっても，割引窓口が諸銀行によって活発に利用されたとは考えられない。従ってゴールデンワイザーが指摘する，「割引のための手形の適格性に関する硬直的な諸規則」は，準備制度が国内の銀行取り付けを防止できなかった理由にはならない。銀行が過度に取り付けへの不安を抱いていたこの当時の状況では，通貨需要を賄うために連邦準備信用を増大させるには，準備制度は受動的な拡張経路となる加盟銀行割引に頼るより，能動的な経路となる公開市場操作を積極的に活用すべきであった。これを阻んだものは，ゴールデンワイザーによると，連邦準備法が「政府証券を連邦準備券に対する受領可能な担保から除外している」ことであった。いわゆる，自由金問題である。

(イ)　自由金問題

自由金問題について検討するに当たっては，まず連邦準備法の金準備規定と発券規定に触れておく必要がある。当時，連邦準備法は連邦準備券に対して40％，連邦準備預金（加盟銀行準備）に対して35％の金準備の保有を連邦準備銀行に命じていた。連邦準備制度の保有する金量のうち，発券残高と加盟銀行準備残高に対する，これらの割合での所要金保有額を控除したものが過剰金準備となる。1933年3月を例外として大恐慌期全体を通してみると金準備に不足はなく，準備制度は常に十分な過剰金準備を保有していた。他方，連邦準備法の発券規定では，連邦準備券は割引適格手形もしくは金で100％保証（担保）されなければならなかった。よって既発行の連邦準備券には，その総額に見合う適格手形あるいは金が必要であった。制定当初の連邦準備法は，発券担保に適格手形だけを認めていたが，1916年の修正で金に対する直接発行も認めた。

自由金問題を考える場合，金準備規定と発券担保規定は，全く別個のもの

であると認識することが重要である。ただし，両者の関係で留意すべきことは，連邦準備券に対する40％の金準備は発券担保に算入できるが，連邦準備預金に対する35％の金準備は発券担保に算入できないという点である。従って発券に際しては，連邦準備制度が適格手形を十分保有している限り，金準備で40％，それ以外に適格手形で60％，連邦準備券は担保される必要があった。もし適格手形の保有が不十分であれば，金準備の40％を上回る金が発見担保として利用されることになった。

　自由金とは一言でいえば，発券の担保として充当できる金の過剰分である。自由金を計算する際にほとんど無視できる兌換償還基金の額を考慮せずに，また上記の金準備規定と発券規定に留意して，その算定式を表せば，以下の通りである[27]。

　自由金＝〔(連邦準備制度の金保有額－連邦準備預金に対する金準備額)
　　　　　＋連邦準備制度の適格手形保有額〕－連邦準備券発行残高

　算定式で連邦準備預金に対する金準備額が金保有額から控除されるのは，この部分は発券担保に算入できないためであり，連邦準備券に対する金準備額が算定式に含まれないのは，それが発券担保として算入されるからである。

　自由金問題とはこれが枯渇する，すなわち発券担保の不足が生ずる恐れがあったという懸念である。その理由は明らかなように，銀行取り付けにより連邦準備券の発行額が急増したので多額の発券担保が必要となる一方で，手形割引が低調でより多額の金が担保として拘束されなければならないところに，1931年9月のイギリスの金本位制離脱後に米国から大量の金が流出したからである。実際の自由金水準については後ほど確認するが，自由金が枯渇する恐れのある場面では，公開市場での大規模な政府証券購入は困難であった。買いオペ政策が自由金の一層の減少をもたらすからである。その経路は二通り考えられ，自由金の算定式に沿って述べれば，一つは買いオペによって加盟銀行準備（連邦準備預金）が増加すると，それに対して35％の金準備が必要となるので，自由金は減少する。今一つは，買いオペによって加盟銀行準備が増加すると，加盟銀行はこの増加分を連銀借入の返済に充当

するので，準備制度の適格手形保有が少なくなり自由金は減少する。第 2 章で詳述するが，通常の買いオペ政策の効果は加盟銀行割引の減少をもたらす。

　結局，自由金を枯渇させることなく，政府証券の大規模な買いオペ政策を実施するには，連邦準備預金の金準備を発券担保に算入できるようにする，あるいは，また同時に連邦準備制度の保有する適格手形以外の資産，とりわけ政府証券を発券担保に認める以外になかった。実際の成り行きは，1932 年 2 月 27 日に制定されたグラス＝スティーガル法により，政府証券が発券担保として認められた。そして準備制度はそのあと大規模な買いオペ政策に着手し，この年の 8 月までに 10 億ドル以上の政府証券を購入した。言うまでもなく，自由金が問題となりはじめたのは銀行破産が多発し通貨需要が増大していた 1931 年夏ごろであり，それ以前に準備制度内部で自由金が問題視されたという痕跡はない。実際の経緯を見ると，政府証券が発券担保として認定された後に大規模な公開市場操作が実施されたので，1931 年夏以降は自由金問題が買いオペ政策に対する障害であったことが示唆される。この点を吟味していくことにしよう。

　準備制度内部で自由金水準に懸念が表明された最初の政策会合は，1931 年 8 月 11 日の公開市場政策会議であった。この会合に用意された資料は，1931 年 7 月 29 日現在の自由金水準を表 1-4 に示される通りに報告している。連銀間でばらつきはあるが，連邦準備制度全体では 7 億 4,800 万ドルの自由金を保有していた。連邦準備券の発行と償還を効率よく行い，実際には流通にない連邦準備券を破棄すれば，自由金は 10 億 8,600 万ドルまで増大できた。この自由金水準でどの程度の買いオペが実施できるかは，イギリスが金本位制を離脱する以前の 7 月末時点を考慮すると，米国からの金流出は生じていなかったので，準備制度が保有する適格手形の総額に依存することになる。この会合時に，準備制度は約 2 億 5,000 万ドルの適格手形を保有していた。この下で，1932 年 2 月以降に実施した買いオペ政策と同規模の 10 億ドルの買いオペを実施し，準備制度保有の適格手形がゼロとなり，残る 7 億 5,000 万ドルが加盟銀行準備の増加に反映されると仮定すると，自由金は 5 億 7,350

表 1-4　連邦準備制度の自由金（1931 年 7 月 29 日現在の数字
単位 100 万ドル）

地区	＊実際の自由金	＊＊潜在的自由金
ボストン	32	48
ニューヨーク	469	623
フィラデルフィア	40	68
クリーブランド	60	75
リッチモンド	8	7
アトランタ	5	7
シカゴ	69	149
セントルイス	7	11
ミネアポリス	5	5
カンザスシティー	13	8
ダラス	6	9
サンフランシスコ	34	76
準備制度総額	748	1,086

＊連銀に対して実際に発行されたすべての連邦準備券に対する担保を提供した後
＊＊実際の流通にはない連邦準備券を除いて諸連銀に対して発行されたその最低供給だけの担保を提供するものとの仮定して，連邦準備局銀行営業課によって計算されたもの
（出所）*Memorandum on Credit Condition for the Meeting of the Open Market Policy Conference, August 11, 1931.*

万ドルと計算できる。加盟銀行に追加された 7 億 5,000 万ドルの準備の一部は公衆によって引き出され，連邦準備券の発行増加となるので，実際には自由金はこの数字以下の水準となろう。しかし，通貨発行の相当量の増大を考慮しても，この政策会合時には，かなりの規模の政府証券購入は可能だったと思われる。当然，それ以前の期間に自由金に不足はなく，準備制度は大規模な買いオペ政策に着手できたはずである。

　ゴールデンワイザーは 1931 年 8 月 11 日の政策会合時点で，相当量の買いオペ政策が可能であることを熟知していた。この会合でほとんどの連銀総裁が自由金不足を理由に買いオペ政策に反対したが，この会議に出席していたゴールデンワイザーは自由金水準が買いオペ政策の障害にならないことを，連銀総裁らに説いていた[28]。自由金問題が深刻となるのは，準備制度の金

表1-5 自由金および割引と買入手形（各月末残 単位100万ドル）

1931年	自由金	割引	買入手形	割引と買入手形合計
9月	578	333	469	802
10月	606	728	681	1,409
11月	571	718	452	1,170
12月	357	638	339	977
1932年				
1月	469	899	153	1,052
2月	397	828	109	937

（出所）自由金は, Chadler. L.V., *American Monetary Policy 1928-1941*, p.184. 割引と買入手形は, *Banking and Monetary Statistics*, pp.375-376.
（自由金の原出所）Villard. H., "The Federal Reserve System's Monetary Policy in 1931 and 1932," *Journal of Political Ecomomy*, December 1937, p.743.

保有の減少をもたらすことになるイギリスの金本位制離脱後である。

表1-5はイギリスが金本位制を離脱した1931年9月から1932年2月までの各月末における自由金と適格手形（割引と買入手形）の水準を表したものである。1932年1月末時点における自由金問題を考えてみることにしよう。この時点で自由金は4億6,900万ドル，準備制度の保有する適格手形は10億5,200万ドルであった。流通通貨と金ストックは不変と仮定すると，この適格手形総額の半額以上の返済および償還が生じると，たちまち自由金は枯渇し発券担保不足となる。このような状況では，連邦準備制度は適格手形の保有の減少を導く政府証券購入を実施できなかった。連邦準備券の担保に政府証券が認められない限り，準備制度は大規模な買いオペ政策に着手できなかったであろうと考えることは，全く妥当である。

この状況は1932年1月末時点を念頭に置いたものだが，1931年9月から12月までの期間の状況も基本的には同じである。発券が増大する一方で，発券担保として利用される金と適格手形のうち，金が減少したのに対し適格手形が増大したため，自由金水準は連邦準備制度の保有する適格手形量に大きく依存するようになってしまった。加盟銀行による連銀借入の返済および

買入手形の償還を相殺するための買入オファーの動向次第で，発券担保の不足が生じる恐れがあった。例えば，1931年10月末に6億600万ドルであった自由金が12月末までに3億5,700万ドルに減少したのは，買入手形の償還に起因するところが大きい。このような割合で準備制度の保有する適格手形量の減少が進めば，いずれ自由金は枯渇してしまうので，やはり連邦準備制度は1931年秋以降に積極的な買いオペ政策に着手するのは困難だったであろう。

　以上の考察から，イギリスが金本位制離脱した1931年9月からグラス＝スティーガル法が制定された1932年2月末までに準備制度が相当量の買いオペ政策を実施できなかった理由に，自由金問題があったと結論できる。あたかもこの期間，連邦準備制度当局者らの間には，もどかしさが生じていたかのようである。当時，割引の増大は金融逼迫の要因と考えられていたので，その減少を導く買いオペ政策は必要だが（この理由は第2章で考察する），政府証券を発券担保に認めない以上，それを実施できないというように。そしてゴールデンワイザーは既述の通り，このような発券規定を命じていた連邦準備法の硬直性が積極的な買いオペ政策を追求する妨げとなったと論じた。

　しかし，一般的に考えて，自由金不足が公開市場政策の障害になったのは確かであり，それが，実際に買いオペ政策を実施できなかった理由にはなりうるが，連邦準備制度が精力的な購入政策を追求しなかった理由にはならない。従ってフリードマン＝シュワルツは，「自由金問題は主に追求された政策に対する事後的な正当化であって，事前的な理由ではなかった」と批判する。批判の根拠は次の5点である[29]。(1) エコノミストによる自由金問題への言及が1930年9月29日の早い時期の論文にみられるが，それが連邦準備制度に影響を及ぼしたという証拠はない。(2) 1931年7月末時点で自由金に不足はなかったし，その後も自由金に深刻な不足があったとは考えられない。(3) 自由金不足を理由に買いオペ政策に反対していた連邦準備当局者らは，他の理由で大不況当初からこの政策に反対してきた人々であり，自由金は反対理由の一つに過ぎず，政策決定要因としてそれに重要な意義を割り

当てることはできない。また自由金問題に対する懸念は，連邦準備制度ではなくホワイトハウスと財務省で生じていた。(4) 仮に自由金に不足があったとしても，連邦準備制度はそれを軽減する手段を持っていた。例えば帳簿操作，積極的な手形購入，割引の促進。しかしそれらは活用されなかった。(5) 1932 年 2 月 27 日に制定されたグラス＝スティーガル法により自由金問題は解決したが，この法律は連邦準備制度に根本的な政策変更を導くに至らなかった。この年の大規模な公開市場操作は 8 月の議会休会後まもなくして終了した。

　これまでの考察から (2) の「その後も自由金に深刻な不足があったとは考えられない」という点には同意できないが，第 3 章で詳述する政策意思決定の検討を踏まえると，他の根拠は妥当である。やはり自由金問題は，準備制度が積極的な買いオペ政策を追求しなかった理由ではない。ラケットが指摘するように，もし準備制度が大恐慌当初より買いオペ政策を推進していくつもりであったならば，議会に連邦準備法の修正を積極的に働きかけたであろうし，当時の緊急性を鑑みると大きな罰則を受けることなく連邦準備法を無視できたであろう[30]。述べるまでもなく，このような批判が生ずる根底には，そもそも最初に銀行危機が発生した 1930 年末の早い時期に，連邦準備制度が大規模な買いオペ政策でその後の銀行制度の流動性問題を未然に防止したならば，自由金問題そのものが起こらなかったということがある。

第2章
1920年代期の連邦準備制度

　序章で，大恐慌期の金融政策を論ずるに当たっては，制度的な歴史段階を踏まえたうえで客観的に当時の政策を検証する態度が重要であると述べた。1930年代初期の連邦準備制度は今日のような管理通貨制度の枠組みにあったのではなく，19世紀中期以降に確立された純粋な金本位制度の枠組みにあったのでもない。かなり微妙な歴史段階にあったことが示唆される。そこで本章では，1913年に連邦準備制度が設立された際に，その設立の根拠となる連邦準備法が規定した連邦準備制度（連邦準備諸銀行と連邦準備局）の運営原則，および第1次世界大戦期と戦後期の経済混乱を経て1920年代期にこの運営原則が失効する経緯，そして新たな経済環境の下で確立された1920年代期以降の連邦準備政策の枠組みについて考察する。この考察を通して，1930年代初めの大恐慌期における連邦準備制度の政策運営面の歴史段階を確認しておきたい。

　そのためには，まず初めに1913年に連邦準備制度が設立されるに当たって，連邦準備法が規定した連邦準備制度の運営原則を明らかにしておく必要がある。日本銀行調査局訳の連邦準備法（昭和32年9月訳）の本文に添えられている解説文では，当初連邦準備法の根底に置かれた運営原則を，「真正手形・金・自動性・地域性という諸原則」と表している[1]。かなり漠然とした記述であるが，連邦準備法が単一の中央銀行の創設を排して12の地区連邦準備銀行の設立（正確には8行を下回らず12行を超えてはならない連邦準備銀行の設立）を命じたことから，これらの諸原則のうち最後の「地域

性原則」とは，制度上の「分権構造」と同義と考えられる。「自動性原則」とは，人為的および裁量的な通貨管理の排除を意味し，「真正手形原則」と「金原則」はこの通貨管理の自動性を保証するための，連邦準備制度による通貨管理に対する，より具体的な運営指針を示すものと考えられる。以上より，本章で連邦準備法制定当初の連邦準備制度の運営原則という場合，一つは「地域性原則」すなわち「分権構造」を，今一つは金と真正手形に基づく「通貨管理の自動性原則」を表すものとする。

分権構造は 12 の地区連銀がそれぞれ独立した同等の権能を有する機関であるという内実を与えており，中央集権に対置するものである。この場合，ワシントンに設置された連邦準備局（Federal Reserve Board）の地位を考えなければならないが，それは諸連銀に対する検査・監督機関である。つまり，基本的には諸連銀の活動が連邦準備法に対する違法行為となっていないかを検査・監督する機関であり，決して諸連銀を管理する機関ではない。従って，連邦準備局を今日の連邦準備制度理事会（Board of Governors of the Federal Reserve System）のような中央集権機関とみなすことはできない[2]。

「分権構造」と「通貨管理の自動性原則」とは不可分の関係にある。金原則と真正手形原則に基づく通貨管理の自動性が保証されなければ，一国内に排他的な発券銀行である連邦準備銀行を 12 行設立するのは不可能である。逆説的に通貨管理の自動性を排除し，それに代わる新たな通貨管理原則を確立しようとすれば，それは自ずと人為的通貨管理の方向に進まざるをえず，その場合には裁量的な政策決定の余地が生ずるために中央集権的な政策決定機関の創設が必要となる。

これから論じようとする連邦準備制度にとっての 1920 年代期とは，準備制度がまさにこのような事態に直面した時期であった。その当時の米国経済および世界経済の客観情勢の変化とともに，「通貨管理の自動性原則」が連邦準備制度の運営原則として失効し，それに代わる新たな通貨管理原則の下での政策運営の確立が模索された時期であった。同時にこれに伴って中央集

権的な政策決定機関，すなわち公開市場投資委員会が設立されたのも 1920 年代期であった。

　以下，本章の第 1 節では，連邦準備制度の分権構造が崩れていった過程を，公開市場投資委員会の設立と発展を例に，チャンドラーの具体的な研究に拠って明らかにし [3]，第 2 節では，「通貨管理の自動性原則」が失効した原因と，その後確立された政策運営の枠組みについて検討する。併せて短期的な資金動向に目を向け，第 3 節では季節的通貨需要と連邦準備政策の関係について考察する。

1. 公開市場投資委員会の設立と発展

　現行の連邦準備法は，連邦準備制度の政策決定機関として，政府証券の売買操作を排他的に決定する連邦公開市場委員会の創設を命じ，その運営原則を定めているが，制定当初の連邦準備法にはこのような規定はなかった。政府証券の公開市場売買については，「そのような購入は連邦準備局の定める規則および規定に従うものとする」（第 14 条［b］項）という条件で連邦準備銀行に認めていたに過ぎない。連邦公開市場委員会が法制上，正式に組織されたのは，1933 年銀行法による連邦準備法の修正によってである [4]。

　しかし，これはあくまでも法制上の議論であって，政府証券売買に関する委員会は 1922 年 5 月に連邦準備制度内部において設立されている。この委員会の正式名は，「連邦準備諸銀行による政府証券の購入および売却の集中執行に関する総裁委員会」（The Committee of Governors on Centralized Execution of Purchases and Sales of Government Securities by Federal Reserve Banks）という冗長な名称である（以下，総裁委員会と略記）。この総裁委員会は当初，東部のボストン，ニューヨーク，フィラデルフィアおよびシカゴ連邦準備銀行の総裁で組織され，その直後にクリーブランド連邦準備銀行総裁が加えられた [5]。この総裁委員会が現行の連邦公開市場委員会の起源に当たるが，当初それに期待された役割は名称の示す通り，それまで

各連銀が独自に行っていた政府証券売買を，彼らに代わってこの委員会が連銀全体の売買として集中的に執行するだけのものであった。従って，総裁委員会を現行の連邦公開市場委員会のような政策決定機関と呼ぶことはできない。総裁委員会設立以降，連邦準備銀行の政府証券売買は，各連銀が売買をこの委員会に委託し，委員会はそれらを執行し，そして執行された売買は委員会によって各連銀間に案分されるという手続きに従うようになった。ただし，連邦準備銀行は総裁委員会を経由せず独自に政府証券を売買する権利を依然として保有していることは，総裁委員会の設立を決定した1922年5月の連邦準備銀行総裁全体会議で確認されていたので，各連銀の政府証券取引は総裁委員会設立以後においても，この委員会に完全に従属するものではなかった。

　それでも総裁委員会は連邦準備制度の政策決定機関として機能していくことになる。以下ではこの総裁委員会がどのような経緯で創設され，中央集権的な政策決定機関となっていったのかを，連邦準備制度内部で生じた具体的なエピソードとともに論じていく。

　総裁委員会が設立された1922年以前に，連邦準備銀行が通貨・信用統制のために政策的に政府証券を売買したことはなかった。確かに，1914年の連銀の開業から米国が第1次世界大戦に参戦した1917年4月までの約3年間に，連邦準備制度が保有する収益資産（割引手形＋買入手形＋政府証券）のうち，公開市場資産（買入手形＋政府証券）の保有は増大した。しかし，これは連銀がその費用と配当を賄うために政府証券を購入したのと[6]，どちらかと言えば，貿易金融に由来する銀行引受手形の公開市場を米国に創設し，そこでの自由な売買を促進させる目的で，連銀が引受手形を市場で積極的に購入した結果であった[7]。参戦から戦後の1919年末までに連邦準備制度の政府証券保有は約2億ドル増大したが，これは連銀が戦時期間の財政赤字を賄うために財務省が発行した短期財務省証書のわずかな部分を購入したのと，当時流通から引き揚げられていた銀証券に代えて発行された連邦準備銀行券（連邦準備券と区別される財務省通貨）の発行保証となったピットマン証券

（政府証券）を購入した結果であった[8]。これらの公開市場購入は，通貨・信用管理の目的で行われたものではなかったし，購入額自体も少額で，全く制限的なものであった。1920年1月から1921年10月までに連邦準備制度の政府証券保有は，財務省が銀を再購入し銀証券を再発行したのに伴ってビットマン証券が漸進的に償還されたことを除いて，実質的には変化はなかった。

　1921年に11月に開始され1922年5月に終了した各連邦準備銀行による総額4億ドル以上の政府証券購入は，それまでの制限的な購入と異なり連邦準備制度設立後の最初の大規模な政府証券購入であった。しかし，この購入も政策的に実施されたのではなかった。1921年10月末における連邦準備制度の政府証券保有は2億ドル以下だったので，この購入により連邦準備制度は6億ドルという前例のない水準までその保有を増大させた。購入は，1920年1月から1921年7月までの「比較的短かったが，記録上，最も厳しい一つとして位置づけられる」景気縮小期間，すなわちこの18カ月間に工業生産が32％低下し，卸売物価が56％下落した戦後不況期間[9]のあと，間もなくして実施された。実際に行われた政府証券購入とその間の景気動向との関係から見ると，これは景気回復に向けて連邦準備制度によって採用された鮮やかな公開市場政策であったと言える。なぜならば，購入が開始された1921年11月には景気は依然として停滞気味であったが，それが終了した1922年5月には，工業生産は不況前のピーク時の約85％まで回復したからである。この政府証券購入で銀行制度にもたらされた4億ドル以上の連邦準備信用が金融を緩和し，景気回復に寄与したことに疑いはない。

　だが，実際にはこの政府証券購入は景気回復を目的に実施されたのではなく，各連銀はこのような購入の経済的効果を何ら考慮していなかった。購入の動機は，連銀の費用と配当を賄うに足りる収入を確保するという収益目的にあった。連邦準備制度全体の費用と配当を賄うのに，1916年ならば500万ドルの収入で十分であったが，1921年までに連銀の業務全般が拡大したため，またインフレーションのため，約4,700万ドルの収入が必要であった。

1917年から1919年までの戦時および戦後インフレーション期間に，連銀の加盟銀行に対する手形割引は20億ドル以上に，そしてピーク時には28億ドルにも急増したので，1920年の間は連銀全体で34億ドル余りの収益資産を確保していた。しかし，その後の不況期間に加盟銀行は連銀に債務を返済したので，1921年11月までに連銀全体の収益資産は約15億ドルへと減少した。このような収益資産の激減と，これ以上減少することの不安に直面して，個々の連銀は収益資産を確保するために政府証券購入に走った。この購入に連銀間の調整はなく，各連銀が独自に購入量と購入時を決定していた。こうした結果が，連邦準備制度の政府証券保有を過去最高水準まで高めることになった4億ドルもの購入であった[10]。

　以上が1922年5月に政府証券売買の集中執行に関する総裁委員会が組織されるまでの，連邦準備制度の政府証券売買の実態である。それでは，なぜこの時期にこれまで個々の連銀が独自に行っていた政府証券売買が，総裁委員会を経由して集中的に執行されるようになったのか。これには財務省の影響力が働いていた。

　1921年11月から1922年5月までの諸連銀による4億ドルの政府証券購入の過程で，財務省は通常と異なる立場をとった。戦時および戦後の財政赤字は解消しており新規資金調達の必要はなかったが，この期間に発行された短期財務省証書の借り替え操作を，財務省は依然として行わなければならなかった。4億ドルの政府証券購入で政府証券の流通利回りが低下したので，このことは財務省の資金調達にとって，新発証券の発行利回りを低く抑えることができるので有利になると考えられるが，財務省はこれがかえって資金調達に不都合を与えていると異議を唱えた。新発証券をあまりにも低い発行利回りで売り出した場合，後にわずかな金融逼迫が生じた際にも証券価格の値崩れが起こると予想されるので，それが募集の障害になっていると主張した。さらに諸連銀の政府証券購入による人為的な証券価格の高騰は，むしろ新発証券の募集価格の確定を困難にし，また連銀間で購入について事前調整がなく，それぞれの連銀が独自に政府証券市場で購入することは政府証券価

格の先行きの予測をより一層困難にし，いたずらに市場を混乱させている，と財務省は不満を述べた。そこで財務省は連銀に対して，それまで購入した政府証券をすべて売却するよう要請した[11]。

　本来ならば，このような連銀と財務省との間で生じた利害の衝突を調整するのは連邦準備局の役割であったが，当時は財務長官がその職権上の資格で連邦準備局のメンバーであった以上，準備局はあまりにも財務省の影響を強く受けており，この調整に乗り出すことはできなかった。もとより連邦準備局は常に連邦準備制度内部でリーダーシップをとれなかったように，そのような調整能力の資質を欠いていた。代わって事態の収拾に当たったのはニューヨーク連邦準備銀行であり，その初代総裁ベンジャミン・ストロングであった。財務省の不満を受けて，ストロングは1922年5月2日に開催された連邦準備銀行総裁全体会議で，まず，調整のない各連銀の政府証券購入がこの市場を混乱させてしまったことに言及し，続いて連銀総裁らに財務省の立場について次の注意を促した。

　財務長官とは，政策に尽力するということばかりではなく，ある程度一般的に協調するということにも権限が与えられていることを感ずるものであるが，メロン長官が，財務長官とはそれを了解しようとしまいと構わないと考える限り，われわれの関係を財務省に合わせるのは，われわれにとって非常に難しいであろう。（中略）
　1月以来，諸連銀は何の政策も持たずにこれらの証券を数100万ドル購入してきている，というのが事実である。諸連銀には，これを行う完全な権利がある。誰もそれに異議を唱えないであろう。しかし財務長官は現在，次のように言うのである。『われわれが認識しているその政策は，われわれの政策と関係する。非常に重大に関係する。そして現在私は，連邦準備銀行が何を行うつもりでいるのか知りたいのである。』彼が書いた，またギルバート氏［財務次官］が書いた手紙の性質から鑑みて，われわれが何かを行わなければ，彼らが何らかの行動を起こすであろうと，私には非常に強く感じられる[12]。

　そしてこの日の会合で，本章の冒頭で述べた総裁委員会の設立が取り決め

られた。会合に出席していた連銀総裁らは，連銀の政府証券操作が財務省操作に抵触しないようにする，政府証券市場を混乱させないようにする，そして個々の連銀の証券売買が競合しないようにするという目的で，各連銀の政府証券売買を集中的に執行する委員会を東部連銀4行（後に5行）の総裁で組織することを決定した。この2週間後に開かれた総裁委員会の初会合で，ストロングは終身議長に任命された。したがって，この委員会はその後，ニューヨーク連銀の主導で機能するようになる。

　総裁委員会が政府証券売買を集中執行するという当初の役割を越えて，それ以上の新たな権限を持つようになるのには時間がかからなかった。それまで個々の連銀が収益目的で個別に行っていた政府証券売買が連銀全体の売買となったため，総裁委員会は各連銀が個別に政府証券売買を行う限りでは知り得なかったであろう公開市場操作の経済効果を十分理解するようになった。売買が集中化されるにつれて，その執行に責任を持つ総裁委員会は必然的にこの経済効果を観察する立場に立たされる。米国最大の金融センターに位置するニューヨーク連銀，それに次ぐシカゴ連銀を含む東部の大規模な5連銀の総裁からなる委員会である以上，それはなおさらであった。その結果，総裁委員会は各連銀の政府証券売買に関する単なる中央執行機関という受動的な役割を進み出て，その時々の経済・金融情勢を考慮し，そのうえで各連銀に政府証券の適切な購入量および売却量あるいは売買の時期を勧告するようになるのは自然な成り行きであった。なお，当時観察された政府証券操作の経済効果については第2節で詳述する。

　1922年10月の連銀総裁全体会議でストロングは正式に，「政府証券の購入および売却の適否に関して，時々においてそれぞれの準備銀行に勧告することを，この委員会の任務に加える」ことを要求した。会議に出席していた何人かの総裁らは，この提案で各連銀の政府証券投資の決定が集権化されることに懸念を表明した。例えば，セイ・リッチモンド連銀総裁は，次のように述べていた。

この委員会が連邦準備制度の投資政策を決定するようになる，あるいは決定しないとしても遂行するようになるという点で，ある委員会によって連邦準備制度全般が統制される方向に進むことに留保したい気持ちがある。私は，任命されて組織されるこの委員会が，われわれの同意できない政策を展開するであろうということには少しも不安を持っていない。まったく不安ではない。しかしそれでも，その提案がおそらく特定の連邦準備銀行の独立した判断に優先するぐらい決定的である委員会を任命することには，非常に躊躇したい気持ちがある[13]。

　もともと連邦準備法の制定過程で，単一中央銀行構想が破棄され，「反ニューヨーク，反トラスト」そして「地方分権，地域資金の地域管理」を理想として地区連銀とそれらの検査・監督機関である連邦準備局の設立を命ずる法案が議会を通過した経緯からいって，セイ総裁の主張は正当である。しかしこの会合では，このような異論を持つ総裁たちはストロングに押し切られ，最終的には彼の提案は受け入れられた。

　このように，ほぼこの時点で，当初は政府証券売買の集中執行だけを目的に組織された総裁委員会が，各連銀に売買量や売買時を勧告する権限を得て，連邦準備制度の政府証券投資に関する意思決定機関の体裁を整えた，と考えてよいのではないかと思われる。さらに1923年末にはストロングの提案で，各連銀の投資勘定とは別に連邦準備制度内に制度特別投資勘定を設け，委員会の勧告する政府証券売買はこの勘定を通して実施し，それぞれの連銀は事前に決定される割当率でこの勘定へ参加することが連銀間で合意された[14]。従って，各連銀は自行の投資勘定で政府証券を売買する権利を依然として有していたが，大部分の政府証券売買は制度特別投資勘定に集中されるようになり，この委員会の中央集権的な機能はいよいよ高まった。

　以上のように，設立の契機は何であれ総裁委員会は各連銀に政府証券売買の勧告を行うようになり，そしてその執行は制度特別投資勘定で集中的に実施されるようになったことから，1923年末までにこの委員会が連邦準備制度の政策決定機関として現行の連邦公開市場委員会とほぼ同等の機能を持っ

たとみなすことができる。しかし，総裁委員会がそのまま1933年銀行法で，連邦公開市場委員会として法制的に追認されたのではなかった。

　総裁委員会のこの一連の成り行きに穏やかではなかった連邦準備局は，政府証券売買に対してその管轄権を主張した。確かに，この節の最初に述べたように，連邦準備法は連銀の公開市場取引について，「連邦準備局の定める規則および規定に従い」と定めているので，準備局がこの分野の一般的な監督権限を主張するのは正当であった。

　時期は前後するが，1923年3月に準備局と連銀総裁らはこの問題を協議した。ちなみにストロングは病気療養でこの会合を欠席していた。その際，準備局は政府証券売買についてほとんど制限のない権限を主張したため，連銀総裁らの強い反発を招くことになった。この会合で双方の合意が成立したわけではなかったが，最終的には連銀側が準備局の主張をほぼ黙殺したので，準備局はこの数週間後に，会合で総裁らを憤慨させた言葉の多くを省いた手紙で，政府証券売買に関する準備局の決定を連銀側に一方的に通告した。そこには政府証券操作の一般的原則を，「連邦準備銀行による公開市場投資物件の購入の時期，方法，性格そして総額は，主に商業および事業に便宜を図る点から，またそのような購入と売却が一般的な信用状態に与える効果の点から決定されるものとする」[15]と定めてあった。この原則は，直接表現していないが，連銀は収益目的で政府証券を購入すべきではないということを示唆しているのは明らかである。またこの一般原則は，その後の1933年銀行法で連邦準備法が修正された際に，その追加条項として，上記のセンテンスの最初の部分の「購入」が「売買」に変更されただけで，そのまま条文として採用されている。

　そして手紙には，この間病気療養を余儀なくされ，連邦準備制度の公式活動に携わっていなかったストロングが準備局の一連の行動を静養先のコロラドで知った時に，彼を激怒させた次の決定が記されていた。

　上に明記された政策の適切な運営を確保するために，準備局は1923年4月1日をもっ

て，またそれ以降，現在の政府証券購入および売却の集中執行に関する総裁委員会を停止し，それに代えて，仮に連邦準備銀行よりの5人の代表からなり，連邦準備局の一般監督権限の下に置かれる委員会であれば，連邦準備制度のための公開市場投資委員会として認知されうるであろうこの委員会に，その地位を譲るものとするという決定を下すとともに，この委員会の任務は，上記の諸原則と連邦準備局によって時々において制定されうる諸規則に従って，公開市場での購入，売却および連邦準備諸銀行間の配分に関する計画を考案し，そして勧告することである，ということも決定する。先の総裁委員会時の非公式の同意に従って，連邦準備制度のための公開市場投資委員会のメンバーは，以下の通り旧委員会のメンバーと同一となる。すなわちボストン，ニューヨーク，フィラデルフィア，クリーブランドおよびシカゴ連邦準備銀行とする[16]。

ストロングは，収益目的で政府証券を購入すべきではないと考えていたし，公開市場操作について何らかの一般原則を確立しようとする準備局の意図は分かち合っていたが，準備局が総裁委員会を一方的に解散させ，新委員会に対してその監督権を保持しようとしたことには憤慨した。この点について彼は，コロラドからニューヨーク連銀へ宛てた手紙に次のように書いている。

準備局がこのような権限を持つたびごとに，われわれは政治的組織体による事実上の管理（監督に代えて）へと一層近付く。そして準備局は二年以内に完全に政治的となろう！彼らが旧委員会を解散させ，それを再任命してしまった今となっては，すべての事柄は準備局に明け渡される－この先例を救うには遅すぎる。この論評は，私の側での権力への渇望，あるいは準備局への反目から生じているのではない。私はただ，近いうちに準備銀行がゴム製の印鑑になる日に目を向けているだけである－われわれがそれを許すのであれば！[17]

結局この準備局の決定で再組織された公開市場投資委員会が，次章で論述する大恐慌期の連邦準備政策の遂行においても，そのまま公開市場政策の意思決定機関として機能することになる。ただし1930年3月に公開市場投資

委員会は公開市場政策会議という新組織に改組されるが，この詳細は後に触れる。

さて，これまで連邦準備制度内部で生じた公開市場投資委員会の設立にまつわるエピソードを述べてきたが，その目的は，当初連邦準備法が意図した「分権構造」という連邦準備制度の運営原則が，1920年代期にどのように変化していったのかを明らかにすることであった。公開市場操作に限って言えば，各連銀が独自に実施していた政府証券売買が，きっかけは何であれ諸連銀から独立した単独の委員会の設立をみて集中化されたことは明らかである。それまで通貨管理に関して連銀間に繋がりが断たれていた連邦準備制度の構造に，変化が生じた。また公開市場売買は，「商業および事業に便宜を図る点から，またそのような購入と売却が一般的な信用状態に与える効果の点から決定される」という一般原則の下で実施されるようになった。

だが，公開市場操作の意思決定を公開市場投資委員会が完全に掌握したのかというと，そうではない。この点を，1920年代期において連邦準備制度内での政府証券操作の立案から実施までに，実際にはどのような手続きを要していたのかを示すことで確認しておきたい[18]。

まず，公開市場投資委員会の議長を務めるニューヨーク連銀が，時々の経済状況に応じて政府証券操作の必要性を提示する。次いで投資委員会がこれを議論し，是認した際には諸連銀に売買勧告を行う。そして準備局は，この勧告を認可あるいは却下する。準備局が認可した場合には，各連銀はその費用と支払配当の額に応じて事前に決定されている割合で，投資委員会に売買操作が委ねられている制度特別投資勘定への参加を任意に決定する。もちろん連銀の事情によっては，例えば購入の場合などは金準備の不足等により制度特別投資勘定への参加を拒否することもある。この各連銀の制度特別投資勘定への参加を確認したうえで，最終的に投資委員会はニューヨーク連銀を通して政府証券の売買を執行する。これで公開市場操作の立案から実施までが完結する。

かなり煩雑な手続きである。煩雑という言葉を用いたのは，立案から執行

までに時間と手間を要するということもあるが，一つの公開市場操作の決定に，様々な方面からの同意が必要であるという意味においてである。売買操作の決定の中心がニューヨーク連銀にあったことに疑問の余地はないが，その実施に至るまでに，まず投資委員会の勧告，次いで準備局の認可，さらには必ずしも必要ではないが各連銀の制度特別投資勘定への参加の同意を得なければならない。ニューヨーク連銀を核として，他の残る 11 の連銀と連邦準備局の意見の一致があって初めて連邦準備制度全体の公開市場操作が実施できるのである。特に準備局がニューヨーク連銀あるいは投資委員会の決定に反対すれば，その監督権限を無視しない限り投資委員会は政府証券売買を実施できない。もちろん，この逆も事実であり，連邦準備局総裁をはじめとする準備局委員らは投資委員会のメンバーではなかったので，仮に準備局がある公開市場操作を希望したとしても，投資委員会を説得できない限り実現しない。結局，1923 年に公開市場投資委員会の設立をみて，連邦準備制度の公開市場政策の集中化が図られても，実質的には依然としてその権力の所在が曖昧だったので，施策にこのような行き詰まりが生じうるし，そして後にみるように大恐慌期には実際に生じたのである。

　その解消には 1935 年まで待たなければならなかった。1935 年銀行法で連邦準備局は連邦準備制度理事会に改組され，1933 年に法制化された連邦公開市場委員会も再編された。連邦準備制度理事会の理事 7 名全員が連邦公開市場委員会のメンバーとなり，地区連銀からは持ち回りで 5 行の代表が，この委員会のメンバーに就任することになった（ニューヨーク連銀のみ常任）。従って数の上からは，公開市場政策の決定は連邦準備制度理事会の手中に収まった。併せて 1935 年銀行法は，連銀に対し独自に政府証券売買を行うことを禁ずるとともに，連邦公開市場委員会が決定した売買操作の実施を拒否できないことも命じた[19]。このように 1935 年銀行法で，連邦準備制度の公開市場操作は連邦準備制度理事会に集権化された[20]。この改正は 1935 年である。次章で論ずる大恐慌期から数年が経過してからの出来事である。

2. 通貨管理原則について

　前節では，連邦準備法の根底に置かれた連邦準備制度の運営原則のうち，通貨管理の地域性原則という分権構造が1920年代期に失効した過程を，公開市場投資委員会の設立にまつわるエピソードを中心に考察した。この地域性原則と，連邦準備法の根底に置かれたもう一方の運営原則である「通貨管理の自動性原則」とは不可分の関係にあることはすでに述べた。従って連邦準備制度にとっての1920年代期とは，公開市場投資委員会という政府証券操作の集中執行機関の設立をみた以上，「通貨管理の自動性原則」もまた失効しつつあった時期だったことが示唆される。そこで本節では，1920年代初期に連邦準備制度は通貨管理の原則面でどのような問題に直面し，それをどのように克服していったのかを明らかにしたい。そのためには，この章の冒頭で論じた「通貨管理の自動性原則」という意味を改めて検討する必要がある。

　1913年の連邦準備制度設立に際して，連邦準備法は連邦準備制度に対して明確な経済的使命を与えていたとは言い難い。それでも，その経済的使命は連邦準備法そのものの正式名称に示されている。連邦準備法を略さず読めば，「連邦準備諸銀行の設立，弾力性ある通貨の供給，商業手形再割引手段の提供，合衆国における銀行業のより有効な監督制度の確立およびその他の目的のため定める法律」である。これらのうち，国債担保の発券方式ゆえに通貨供給が硬直的だった以前の国法銀行制度に代わるものとして，またその最大の欠点を是正するものとして，連邦準備法が意図した新銀行制度に対する最大の使命を表す項目は，商業手形担保の発券方式による「弾力性ある通貨の供給」である。

　この経済的使命との関係で，弾力的な供給たりうる連邦準備券の発行および加盟銀行の連邦準備預金の受け入れを可能にすべく「商業手形再割引手段の提供」を目的とすることが，またそれらの統制機関たる「連邦準備諸銀行の設立」を目的とすることが，この法律そのものの名称になったものと考え

られる。そして供給される通貨が弾力的であるためには，商業手形再割引という供給手段と連邦準備銀行という供給統制機関を要するばかりではなく，その供給量を規定する原則が必要となる。そしてこれが供給統制機関である連邦準備制度にとっての通貨管理に関する運営原則となろう。

　これについて連邦準備法は二つの点にそれとなく言及している。一つは，連邦準備券に対して40％以上の，連邦準備預金に対して35％以上の金準備を課しているように，「金本位制原則」である（第16条）。今一つは，割引規定に，連邦準備制度は「農業，工業ないしは商業上の目的のために発行もしくは振り出され，実際の商取引から生じた約束手形，送金手形および為替手形を割り引くことができる」とあるように（第13条），取引必要説に依拠した「真正手形原則」である。

　この二つの原則から示唆される連邦準備制度にとっての理想的な通貨管理とは，「金本位制原則」に従って金準備比率に基づく割引率操作で適切な対外均衡を維持し，国内的にはこの対外均衡の下「真正手形原則」に従って加盟銀行に対する手形割引を通して取引に必要な通貨を供給する，というものである。このメカニズムでは，仮に理想的な対外均衡の下，国内取引が活発になり手形割引を通した通貨供給量が増大しインフレーションが発生すれば，輸入増加および輸出減少による経常収支の悪化，それに続く対外金流出によって，また国内通貨供給量の増大そのものによって金準備比率は低下し，そのため連邦準備制度は金防衛の目的で割引率を引き上げることになる。これにより手形割引が減少するので通貨供給量の増大は抑制され，インフレーションを阻止できる。そして今度は国内物価が下落傾向となることから輸出増加および輸入減少を通して金が流入するので，当初の理想的な対外均衡が回復する。もちろん，デフレーションの場合にはこれと逆の調整が生ずるわけだが，ともあれ連邦準備制度は「金本位制原則」に従って金準備を基準とした割引率操作を実施し，後はこの割引率の下で連銀に持ち込まれる割引適格手形を割り引いてさえいれば，理想的な通貨管理を自動的に行うことができる。

実際には，これほど単純に通貨管理を実行できるはずはないが，連邦準備法の起草者たちはこの通貨管理の自動性を確信していた。この自動性に基づけば，連邦準備制度は金融市場に能動的に介入する必要はなく，あくまでもそれらに受動的に対応するだけで，その使命である通貨の弾力的供給が実現でき，経済安定に貢献できるものと考えられていた。

　しかし，このような通貨管理を実験する間もなく，連邦準備制度設立後すぐに第1次世界大戦が勃発し，米国の金融制度は戦時金融体制に移行した。そして戦時金融が終了した戦後期には，世界経済および米国経済の情勢は戦前と全く異なるものに変化し，この客観情勢の変化とともに，「金本位制原則」と「真正手形原則」は連邦準備制度設立当初に期待されていた通りには有効に機能しないことがすぐに判明した。結局1920年代期には「通貨管理の自動性原則」は失効し，連邦準備制度はそれに代わる裁量的な通貨管理への方向転換を余儀なくされた。

(ア)　通貨管理の自動性原則の失効

　「金本位制原則」の失効の直接の原因となったのは，第1次世界大戦であった。1914年7月の開戦後，交戦国は実質的に金本位制度を停止し，米国もまた1917年4月の参戦後ほどなくして事実上，金本位制度を停止した。戦争終結後の1919年6月に米国は逸早く金本位制度へ復帰するが，それに続く国はなかった。その後イギリスを始めとするヨーロッパ諸国では金本位制度への復帰に向けた努力がなされるが，復帰を果たした米国もまた，世界唯一の金の自由市場を持つ国となったため，この国への金の殺到に頭を悩ますことになった。そして，この金の殺到が連邦準備当局者に金インフレーション招来の懸念をいだかせ，連邦準備制度は金準備比率を割引政策の指針とすることができず，準備制度に金本位制原則を放棄させる結果となった。これについて連邦準備局第10年次報告（1923年）は，次の通り具体的に明言している。

部分的には金本位制度の崩壊を引き起こした，そして部分的にはその結果でもあった，異常な国際金移動が停止し，国から国への金フローが，より正常で安定的な状態の下，国際収支の均衡を決定する諸作用に再び左右されるまで，［金］準備比率が以前の威信を回復するとは期待できない。調整力が機能的に作用する金本位制度は，一国だけにとっては，たとえその金状態が揺るぎないとしても効果的でありえない。（中略）効果的な国際金本位制度の下では，世界貨幣市場間での金の動きは，為替レートに矯正的効力を行使し，個々の諸国の利子率を均等にする，また国内物価を世界的価格水準にそって維持する傾向があった。このような状況下では，個々の中央銀行の準備比率の変化は，諸国間の信用および貿易の変化に関する有益な指標として役立ち，その結果，割引政策を形成する際の重要な指針であった。大部分の諸国で金輸出の禁止が実施され，実質的には合衆国だけが世界における金の自由市場である現在の状況下では，この国への金移動は貨幣諸市場の相対的状態を反映してもいなければ，為替，利子率および物価水準を通した作用で，このフローを逆転させる傾向となる矯正的効力を引き起こしてもいない。準備比率の変動が以前に持っていた意義は，それが国際金融の精巧な調整機構を作動させる明白な指標であったという事実に依存する。この機構は今では機能していないので，準備比率は運営指針としてのその価値の多くを失ってしまった。それゆえに，金本位制度との関係の維持に最も成功した諸国ですら，銀行業管理のための他の実際的に役立つ基準を展開させる，あるいは考案する必要があった。このことは，この間に金本位制度を停止している他の諸国と同様，その金本位制度を一貫して維持してきている合衆国においても事実である[21]。

　この報告は 1923 年のものであり，主要諸国のなかでは米国だけが金本位制度にあった時点のものである。1920 年代半ばに先進諸国とりわけ 1925 年にイギリスが金本位制度に復帰した後には，国際金本位制度はほぼ回復したので，連邦準備制度は金準備比率を通貨・信用管理の指針として復活させる必要があった。しかしその時までに米国は世界の金ストックの約 40％を握り，連邦準備制度の金準備比率は実に 70％以上に達していた。こうした状況下では極端なインフレーションの発生を容認しない限り，連邦準備制度は金準備比率を割引率操作の指針とすることが不可能であった。

このように，1920年代期には連邦準備制度は金準備比率を割引率操作の指針とするのを放棄し，さらには金インフレーションを回避し国内物価の安定を実現するために，国際金本位制ルールを無視して金不胎化政策を実施するようになる。とりわけ，この年次報告が書かれた1920年代初期の米国への大量の金流入は，当時の連邦準備当局者にとって切実な問題であった。金準備比率の上昇によって外部から求められる割引率の引き下げの圧力を回避するために，一時期，連邦準備制度はその金準備比率を故意に引き下げようとする政策も実施した。それにはイングランド銀行での金のイアマークが含まれるが，主として40％の金準備を必要とする連邦準備券に代えて100％の金準備を必要とする金証券を意識的に流通に投ずるということが行われた[22]。

　以上のように1920年代初期に「金本位制原則」は失効したが，もう一方の「真正手形原則」も第1次世界大戦を契機に通貨管理の自動性の指針として役立たなくなった。1916年の連邦準備法の修正で，連銀には加盟銀行が振り出す，割引適格手形あるいは政府証券いずれかによって担保された15日満期の約束手形に対して貸し付ける権限が与えられた[23]（以下，断りのない限り，連銀による手形再割引とこの手形貸付を割引と表記する）。この連邦準備法の修正そのものにさほど重要な意味はなく，ニューヨーク手形交換所加盟銀行が連銀の割引窓口を利用するに当たって，より簡素化された手続きで借り入れが可能になることを望んだのと，再割引によって彼らの顧客のネームが知られることを嫌悪したために修正された[24]。それでも，政府証券担保の約束手形は自己流動的な手形ではなく，それを連銀が割り引くことは真正手形原則に反する。取引に必要な通貨量と実際に供給される通貨量との自動的一致という，真正手形原則による通貨管理の内実が失われてしまう。しかし，この当時は政府証券の残存量そのものが小さかったので，これは問題とならなかった。実際に米国が第1次世界大戦に参戦した1917年4月時点で，連銀での加盟銀行割引には政府証券担保の約束手形は含まれていなかった[25]。だが，この事情は戦時金融の遂行によって一変する[26]。

　参戦による膨大な戦費のために連邦政府財政は赤字となった。米国の参戦

から財政赤字がほぼ解消した1919財政年度末（1919年6月末）までの政府支出320億ドルの約3/4に当たる230億ドルの財政赤字は，政府証券発行によって賄われた。この間，財務省は資金調達を成功させるために，連邦準備制度に低金利政策を要請した。連邦準備制度は政府証券の募集，販売，購入代金の回収，利払い等の業務を一手に引き受ける財政代理機関になったばかりではなく，民間に低利で政府証券購入資金を惜しみなく提供することで財務省に従属した。

　財政赤字をファイナンスするための施策に関する当時の考え方はいたって単純で，まずは増税，次いで長期国債の民間消化による貯蓄の吸収といった，すべては国民の倹約を通して達成されるべきもの，という考え方であった。従って，連銀が国債を直接引き受けることは，一部の例外を除いて全くなかった。増税と貯蓄の吸収とで賄えない赤字分は，国民に愛国心を訴えて，彼らに銀行からの借入資金で国債を購入してもらう「借りて買う」方式がとられた[27]。これも，いうなれば，財務省による民間貯蓄の先取りである。

　国債の募集は5回あり，それと並行して短期財務省証書も頻繁に発行された。こちらは，後の納税と国債募集とを見越して，財務省がそれらの受領金を先取りする性格のものであった。この発行の目的は，納税の集中や国債購入代金の払込集中による財政要因で貨幣市場が混乱するのを回避する点に，そして納税者や国債応募予定者に前もって支払の利便を提供しておく点にあった。納税者あるいは国債応募予定者は財務省証書を購入し，これで後日の財務省への支払いを賄った。

　銀行は国債を購入するために融資を希望する顧客に対して，彼らが購入する国債を担保とした上述の約束手形で連銀から資金を借り入れ，この資金を顧客に貸し付けた。また銀行は，例外的に連銀が引き受けた第1回目の発行を除いて，短期財務省証書のすべてを購入した。民間の購入希望者へのその再販売は，この後，銀行によって行われた。銀行が財務省証書を購入する際の資金も，この証書を担保とした約束手形で連銀から借り入れた。従って，戦時期間になると政府証券担保の約束手形の割引が商業手形の割引と競合し

第2章　1920年代期の連邦準備制度　51

始めた。財務省の資金調達を成功させるために，政府証券担保の手形割引には商業手形割引よりも低い優先利率が適用されたので，銀行は政府証券購入以外の他の貸付や投資に利用しうる資金も，政府証券担保の手形割引で連銀から入手するようになった。優先利率が割引の実効レートとなり，時間の経過とともに政府証券担保の手形割引が商業手形の割引を凌駕し始めた。

その結果，表2-1に示されるように，割引総額に占める政府証券担保の手形割引の比率は著しく上昇した。この比率は1919年には80％から90％の水準にあり，財政赤字が解消し財務省の新規資金調達の必要がなくなった1920年以降は低下傾向を示すが，それでも1921年以降においても30％を下回ることはなかった。連邦準備制度が発行する通貨は，現実の商取引を反映している自己流動的手形の割引に基づいて伸縮すべきであり，そして連銀は厳格な割引適格性要件に従うこのような手形を割り引くことで，商業および事業に便宜を図るべきである，という真正手形原則は形骸化した。政府証券担保の手形割引が30％以上も占めていては，連銀で割り引かれる手形が現実の商取引から生じているとも，現実の商取引を反映しているとも，もはや

表2-1　割引総額に占める政府証券担保の手形割引額の比率（％）

	1918年	1919年	1920年	1921年	1922年
1月	45.7	83.9	66.5	42.5	43.3
2月	50.4	85.6	65.9	42.0	40.0
3月	49.6	90.1	63.1	43.5	38.3
4月	53.0	89.7	58.3	44.0	36.4
5月	69.5	90.9	57.7	42.9	36.3
6月	63.7	89.5	55.9	38.5	36.2
7月	52.3	86.2	50.9	36.2	32.6
8月	54.0	87.3	50.4	35.9	31.7
9月	65.3	88.5	48.6	35.5	35.1
10月	73.4	82.1	43.7	35.2	46.7
11月	71.8	80.9	43.0	37.5	48.5
12月	78.7	76.1	41.8	40.2	53.7

1918年〜20年は第1水曜日残高，1921年は月中平均残高，1922年は月末残高
（出所）*Annual Report of the Federal Reserve Board*, 1918年〜22年の各年版より。
　　　1918, pp.9-10. 1919, pp.15-16. 1920, pp.44-45. 1921, p.13. 1922, p.56.

言うことはできない。

　真正手形原則の形骸化は，このような客観的事実以外に，それ自身の理論的な妥当性が疑問に思われてきたことによっても影響された。真正手形原則が貨幣供給量に有効な制限を課さないことは，国内最大の金融市場に位置し，加盟銀行と日々の取引を大量に行うニューヨーク連銀が実際的な見地から強く感じていた。例えば，ストロング総裁は1922年11月のハーバード大学における講演で，この点を次のように強調している。「加盟銀行による連銀からのすべての借入は事後的事実である」とし，加盟銀行に借入を招く状況は連銀に借入を申し込む以前に成立しているのであって，経験によると，それは商業貸付ばかりではなく他の貸付・投資といった様々な活動の結果発生した，そしてより頻繁には預金引き出しによって発生した準備不足を補うために必要となる。従って，「われわれの割り引く適格手形は，準備制度の信用を加盟銀行に運ぶ単なる媒介物である。しかし，適格性の限定は，その前貸金が適用される用途の統制に少しも影響を及ぼさない。」[28]

　ストロングがこのような見解をいだいた背景には，商業銀行の機能変化がある。1920年代期には商業銀行は，商業貸付以外に担保貸付や証券投資といった金融部門に積極的に進出していった。その結果，1925年時点で商業銀行全体の貸付・投資のうち商業貸付の占める割合は33%に過ぎず[29]，商業貸付は担保貸付や証券投資と比較して著しく低下した。企業の資金調達の変化に対応して商業銀行は短期信用の与信という本来の業務を越えて，その金融活動を多様化させていった。このことを，当時の連邦準備当局者の多くは否定的にみており，例えば連邦準備局は，ことさら連邦準備信用の投機的利用の排除，その生産的利用への限定を強調していた[30]。しかし，商業銀行の金融活動の多様化は資金調達の多様化の現れであり，企業をとりまく金融環境がそのように変貌していった以上，事実は連邦準備制度にとって「真正手形原則」が通貨管理の指針として役立たなくなったということである。

　これまで連邦準備制度設立当初の通貨管理原則，すなわち金と真正手形に基づく「通貨管理の自動性原則」が1920年代期に失効した背景と理由を述

べてきた。連邦準備局が第 10 年次（1923 年）報告で，「通貨管理は機械的規則の事柄ではなく，判断の事柄であり，また判断の事柄でなくてはならない」と指摘しているように[31]，もはや金準備比率も割引適格手形の受動的な割引も通貨管理の指針として役立たなくなったことを，連邦準備制度は認識するに至った。この先，連邦準備制度が進むべき方向は，必然的に裁量的な通貨管理を実施していくことである。ここで初めて連邦準備制度は，通貨管理における金融政策の遂行を意識せざるをえなくなった[32]。従って1920年代期に連邦準備制度に必要だったことは，裁量的政策を実施するための政策手段を得ることと，その活用方法についての知識を習得することであった。さらに，この知識に基づいて，政策運営の枠組みといったものを確立することも重要であった。そして前節で論じた1923年における公開市場投資委員会の設立に伴って，それ以降，連邦準備制度は裁量的な政策手段として政府証券の公開市場操作を積極的に活用するようになり，その活用方法も十分に理解するようになった。同時に政府証券売買が公開市場投資委員会で集中執行されるようになったために，公開市場操作の政策波及効果も確認されるようになり，それにより政府証券の売買操作を起点とした政策運営の枠組みもほぼ確立された。以下では，この枠組みについて考察する。

(イ) 政策運営の枠組み

ここで改めて第 1 節の政府証券操作に関する議論を振り返ってみよう。既述のように，連邦準備制度設立後の最大規模となる1921年11月から1922年5月までの諸連銀による4億ドル余りに達する政府証券購入は，連銀の費用と配当を賄うという収益目的であった。ところが，この購入が連銀の収益の増加に寄与しないことが，すぐに判明した。諸連銀の政府証券保有は増大する反面，割引手形が減少したのである。購入が開始された1921年11月における加盟銀行の連銀割引の残存額は11億8,000万ドルであったが，購入が終了した1922年5月には4億7,000万ドルとなり，この間割引は7億1,000万ドルも減少した。政府証券購入で流出した連邦準備信用は，加盟銀行に

よって連銀借入の返済にそのまま利用されてしまい，結局，政府証券購入は連銀の収益を全く改善しなかった。その後，財務省の不満を受けて連銀は1922年6月から1923年6月までに5億ドルの政府証券を売却したが，今度はこの間に割引が約4億ドル増大した。どちらの場合も，政府証券売買による連邦準備信用の増減は割引の増減で相殺される結果となり，政府証券売買は連銀の収益資産量のみならず加盟銀行の準備量も変化させないことが明らかとなった。当時の連邦準備制度当局者は，政府証券保有と割引のこの量的相殺効果を「驚きをもって知った」と言われる[33]。反面，公開市場投資委員会の設立によって政府証券売買が集中化され，売買操作の経済・金融効果が明確に観察されるようになると，連邦準備信用量そして加盟銀行準備量の変動にほとんど影響を与えない政府証券売買が，通貨・信用統制のための優れた政策手段となりうることも，すぐに理解するようになった。

　こうしたことから，1920年代期に確立した準備制度の政策運営の枠組みの基本は，政府証券購入（売却）が加盟銀行割引の減少（増加）を導く，量的相殺効果（シザース効果）にある。このような量的相殺が生じるのは，既述の通り加盟銀行が連銀借入を忌避していたためである。加盟銀行にとって連銀借入は特権であって権利ではない。よって連邦準備制度には加盟銀行の借入需要にすべて応ずる義務はない。実際に連銀は，大量にもしくは継続的に連銀借入を行っていた加盟銀行には，その改善を求めて様々な圧力を課していた[34]。そのため連銀借入を負っている加盟銀行には，それを返済するために銀行信用量を収縮ないし，その増加を抑制しようとする作用が働く。つまり連銀借入（割引）の増大は信用収縮的であり，その減少は信用拡張的となる。他方で加盟銀行が連銀借入を回避しつつ短期的に信用量の調整を通してその準備ポジションを維持することは，対顧客等の関係から大きな困難が伴った。そのためインターバンク市場が未発達だった当時の銀行制度では，短期的な準備の過不足を調整する手段として連銀の割引窓口が利用された。

　このように連銀借入を忌避しているにもかかわらず短期的には借り入れせざるをえない，という銀行制度の下では，連邦準備制度の政府証券購入は即

座に割引の減少を導くことになる。買いオペによって銀行制度に発生する過剰準備は，銀行信用を拡張するために利用されるのではなく連銀借入の返済に充当される。売りオペは，これとは逆に，加盟銀行準備の減少を引き起こすので，連銀借入の増大を導くことになる。

　以上の議論を踏まえて，連邦準備制度の政府証券操作が金融情勢全般に与える影響について検討していくことにしよう。この影響については，ニューヨーク連邦準備銀行第 10 年次報告（1924 年）が次のように簡潔に記している。

　連邦準備銀行による公開市場購入の通常の効果は，加盟銀行に対する直接貸付量の迅速なる減少である。［購入によって］連邦準備小切手を受け取る加盟銀行が準備銀行で借入ていないならば，それは資金を貸し付けようと，あるいは投資しようと努め，どのみち最終的にはこの資金は借入を行っている銀行に到達する。準備銀行での諸銀行の債務が減少するにつれて，諸銀行は信用をより自由に拡張できる状態にあることを知り，そして諸金利はより緩和的になる傾向がある。政府証券購入がこのように通常は加盟銀行を準備銀行での債務から解放するように作用するのと全く同様に，他方での証券売却は準備銀行での加盟銀行債務を増大しがちにし，したがって諸銀行を割引率の影響下に運ぶ傾向にある。それにより，割引率の効力が高まる[35]。

　この報告に示される政府証券操作の政策波及効果を単純に図式化すれば，政府証券購入（売却）→加盟銀行割引量の減少（増加）→銀行の与信態度の好転（悪化）→貨幣市場利子率の低下（上昇），と表せる。そして，銀行の与信態度の好転あるいは悪化をより確実なものにするために，買いオペ→割引減少の過程で割引率を引き下げ，売りオペ→割引増大の過程で割引率を引き上げる，ということになる。この後さらに波及効果をたどっていくならば，市場利子率の低下（上昇）が，結果として銀行信用およびマネーストックの増大（減少）を引き起こすことになろう。ここで注目すべきは，政府証券のオペレーション政策は直接，銀行準備量を変動させ銀行信用量に影響を及ぼ

すのではなく，割引量を変動させ，それを通して貨幣市場利子率に影響を与えるということである。従って割引量は市場利子率の代理変数となり，この関係に拠って政府証券操作は金利政策の一環として活用されることになる[36]。

このように連邦準備制度の通貨・信用の管理面で重要な指針となりうるものは，その政府証券保有量の水準ではなく割引量の水準である。上記の図式で最初の政府証券売買に代えて金ストックの増減，あるいは流通からの銀行制度への通貨還流量，これとは逆に銀行制度から流通への通貨流出量を当てはめても割引量の増減が生じるので，これらの波及効果は政府証券操作の場合と同一となる。よって連邦準備制度が景気動向に照らして通貨・信用を効果的に管理しようとすれば，それにとって単純ではあるが最も頼れる運営指針となるのは割引量の水準である。元来，加盟銀行がある割引率の下で連銀から借り入れるかどうかは，彼らの自主的な判断によるものであり，連邦準備当局がそれを統制するには割引率を操作するか，加盟銀行に対して連銀の割引窓口の利用を直接規制する方法が考えられた。しかし，政府証券操作と割引との間に量的相殺関係があることを理解した以上，それらの必要なしに連邦準備制度はその率先で割引量の水準を誘導できることになる。

1920年代期に連邦準備当局者が，いかに割引量を運営指針として重視していたかは，次の1926年3月に開催された公開市場投資委員会でストロングが行った報告から窺い知ることができる。ストロングはその当時，景気後退が差し迫っているのではないかと懸念して，次のように述べている。

　加盟銀行が直接5億もしくは6億ドル借り入れ続けている間に，われわれが景気後退に突入するのであれば，政府証券購入によって，従って加盟銀行の債務の減少を可能にすることによって，この借入が誘発している圧力のいくらかを軽減する措置を講ずるよう心がけるべきである。(中略) 将来におけるわれわれの貸出勘定の変化は指針として特に重要であり，われわれはこの総額があまりにも抑圧的であってはならないこと，あるいはあまりにも抑圧的であり続けてはならないことを考慮すべきである[37]。

第2章　1920年代期の連邦準備制度　57

1920年代期に確立した連邦準備制度の裁量的な金融政策の枠組みを，現在使用されている金融政策に関するタームで改めて，また強いて示せば次の通りである。それは短期市場利子率を運営目標とし，この市場利子率と強い相関が認められていた割引量を操作対象とし，そして割引量を誘導するための政府証券の公開市場売買を操作手段としていた政策運営の枠組みであったといえる[38]。このような金融政策のアプローチ方法を，当時の連邦準備制度が今日のように強く意識していたとは考えられないが，それでも59-60頁の図2-1から図2-4までは，1920年代期に連邦準備制度は，この政策運営の枠組みに従って金融政策を実施していたことを明らかにしている。

　図2-1は，1920年代期の工業生産指数の推移を示したものである。次章で論ずる1929年以降の景気縮小を除くと，1923年春季から1924年半ばまでと1926年秋期から1927年末までが景気後退期間である。図2-2は，連邦準備制度の政府証券保有量と加盟銀行割引量の推移を表したものである。連邦準備制度は1923年〜1924年の景気後退期には約5億ドル，1926年〜1927年の景気後退期には約3億5,000万ドルの買いオペを実施して割引の減少を誘導し，景気の過熱を警戒した1925年と株式市場投機を抑制する目的で1928年から1929年にかけては，売りオペを実施して割引の増加を誘導していたことが分かる。図2-3は，割引量とコマーシャルペーパーの利子率の推移を示したものである。両者の間には非常に強い正の相関が認められるが，景気の転換点では連邦準備制度が意図的に割引量の水準を誘導していたので，因果の流れは明らかに割引量から利子率水準に向かっており，その逆ではない。図2-4には割引量と加盟銀行信用の増加率の推移が示されている。両者の間には負の相関が認められる。割引量が減少し利子率が低下した1924年と1927年の景気後退期間に加盟銀行信用の増加率は上昇し，割引量が増大し利子率が上昇した1925年と1928年に銀行信用量の増加率は低下している。

　以上より，先に述べた政府証券購入（売却）→加盟銀行割引量の減少（増加）→銀行の与信態度の好転（悪化）→貨幣市場利子率の低下（上昇），そ

図 2-1　工業生産指数（1924年-26年平均100）

（出所）Preliminary Memorandum for the Open Market Policy Conference, September 23, 1930.

図 2-2　準備制度政府証券保有量と割引量

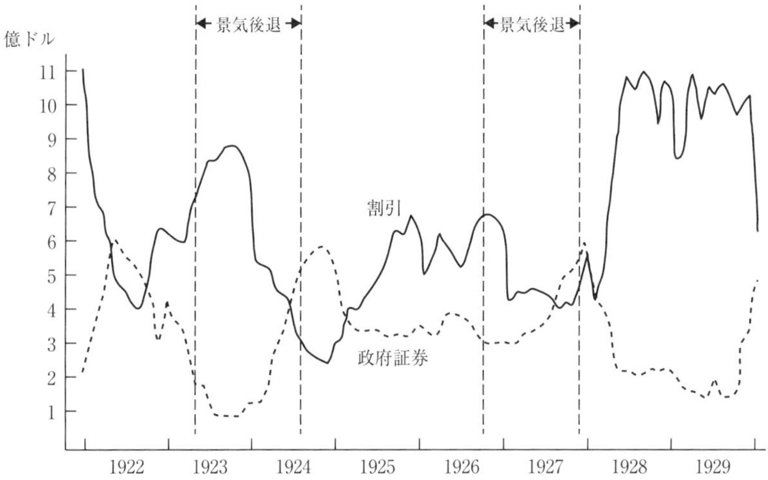

（出所）*Banking and Monetary Statistics*, pp.374-375.

図 2-3 割引量と C.P レート

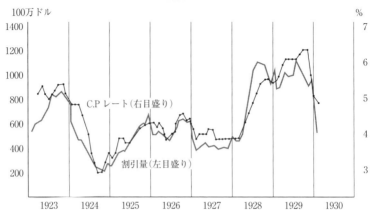

(出所) Preliminary Memorandum for the Open Market Investment Committee, January 28, 1930.

図 2-4 割引量と加盟銀行信用増加率（前年同期比）

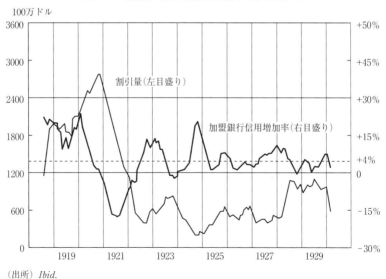

(出所) *Ibid.*

してその後の波及効果をたどれば銀行信用量の増加（減少）という，政府証券の公開市場操作を起点とした政策効果が確認できる。短期利子率－運営目標，割引量－操作対象，政府証券売買－操作手段とする政策運営の枠組みに従って金融政策が展開されていたことが示唆される。この政策効果を図2－1の工業生産の動向との関係からみると，1923年初めから1929年秋期までには生産が長期間にわたって大きく落ち込むことはなく，この期間の連邦準備制度の金融政策はかなり良好な成果をあげていたものと考えられる。このように連邦準備制度は1920年代初期に「通貨管理の自動性原則」に代えて，政府証券の売買操作を中心とした裁量的な政策運営の枠組みを確立し，それに従って適切な金融政策を実施していたと結論できよう。

(ウ)　季節的通貨需要と連邦準備政策

　最後に短期の季節的な通貨動向に，連邦準備制度はどのように対処していたのかという点についても触れておく[39]。

　国債担保の発券方式で通貨供給量が硬直的だった連邦準備制度以前の国法銀行制度の下では，農産物の収穫期，すなわち農業地域において支払のための通貨需要が高まる秋季には，地方銀行がニューヨーク市銀行から銀行間預金（コルレス預金）を引き出すために，ニューヨーク貨幣市場には季節的逼迫が毎年生じていた。ニューヨーク市銀行は，銀行間預金の多くを第二線準備としてコール市場（株式ブローカー向け貸付市場）で運用していたので，地方銀行の預金引き出しによって，コール市場から資金が引き揚げられるために，このような貨幣市場の季節的な逼迫が発生したのである。そしてクリスマスおよび年末の公衆の通貨需要が増大する12月には，この季節的逼迫はさらに深刻となった。年明けには流通から銀行への通貨還流があり，また地方銀行からニューヨーク市銀行へのコルレス預金が漸次増大するため，1月から夏季にかけてニューヨーク貨幣市場には極端な季節的緩和が生じた。このような通貨需要の季節的パターンに対応するように通貨を弾力的に供給し，それにより貨幣市場の極端な季節的逼迫と緩和を是正することは，連

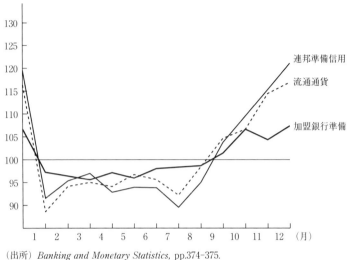

図2-5 流通通貨と連邦準備信用の季節的変動

（出所）*Banking and Monetary Statistics,* pp.374-375.

邦準備制度設立の目的の一つであった[40]。

　図2-5は連邦準備制度の下での連邦準備信用，流通通貨および加盟銀行準備の季節的変動を示したものである。この図の各項目は，1922年から1929年までの各月末残の平均値を指数化したものである。この単純なグラフを見ただけでも，連邦準備制度は貨幣市場の季節的変動を除去するのに成功していたことが認められる。年間を通しての連邦準備信用の変動は通貨需要の季節的変動パターンに完全に従っている。その結果，加盟銀行準備はそれほど通貨需要の変動の影響を受けずに済んでいる。通貨供給に弾力を欠いていたために，通貨需要の増減が銀行準備の増減に反映され，それが貨幣市場の緩急に反映されるという国法銀行時代の問題は，連邦準備制度の設立によって是正された。このことは表2-2の国法銀行制度と連邦準備制度の下での通貨量および市場利子率の変動幅の違いに明瞭に現れている。指数化されたニューヨーク市コール・レートの最低値から最高値までの変動幅を見ると，国法銀行制度の下では108と年間を通して大きく変動していたが，連邦準備制度の

表2-2 流通通貨とコール・レート

	最高（月期）	最低（月期）
財務省外部の通貨，1908年-14年［月末残］	100.5（11月）	99.3（6-7月）
財務省および連邦準備銀行の外部の通貨，1922年-29年［月末残］	103.6（12月）	97.6（1月）
ニューヨーク市コール・レート［月中平均］		
1897年-1911年	173（12月）	65（8月）
1924年-1929年	112（12月）	94（3-4月）

（出所）Friedman and Schwartz, *A Monetary History of the United States, 1867-1960*, p.293.

図2-6 連邦準備信用の各要素の季節的変動

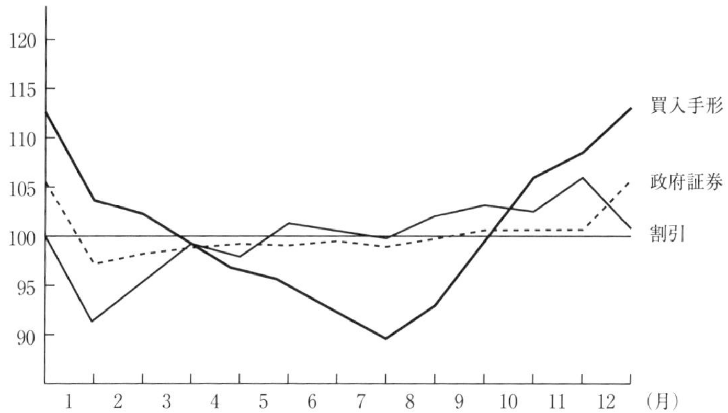

（出所）*Banking and Monetary Statistics*, pp.374-375.

下では18と大幅に縮小した。

　図2-6には，図2-5の連邦準備信用を構成する割引，買入手形，政府証券の季節的な変動パターンが示されている。明らかに買入手形が最も季節的変動を受けており，この通貨需要の大半を賄っていたことが理解できる。すでに述べたように買入手形は貿易金融に由来する銀行引受手形であり，元来，連銀での割引適格手形であったが，連邦準備制度はドル建て貿易を促進する

ことと国際金融センターとして米国に手形市場を育成する目的とから，この手形を連銀の提示する買入率で市場から購入していた。買入率は割引率より常に低利に設定されていたので，加盟銀行は連銀からの借入より連銀への手形売却で必要な資金を入手した。その結果，加盟銀行は通貨需要の高まる秋季から年末にかけて，連邦準備銀行から大量に借り入れることを免れることができた。年末には政府証券の買いオペも実施され，手形購入だけでは賄えない通貨需要に対処し，年明けにはこの政府証券が売却されるという，準備制度の政府証券保有の季節的な変動パターンが確認できる。政府証券操作は，このように景気動向に対する一般的な金融政策手段として活用されただけではなく，貨幣市場の季節的変動を除去する手段としても活用されていた。

　以上より連邦準備制度は通貨需要の季節的変動を巧みに処理していた。これは国法銀行制度時代の通貨供給の硬直性を是正する試みの一つを，連邦準備制度は成功したことを意味する。しかし第1章で論じたように大恐慌期において連邦準備制度は，国法銀行制度の最大の欠点であった非弾力的な通貨供給を繰り返すことになる。連邦準備制度設立の直接の契機が，1907年金融パニックであったことは明らかである。国法銀行制度の下での国債担保による硬直的な発券方式では，銀行不安による公衆の預金から通貨への変換に対して，銀行制度は満足に対処できなかった。このような金融パニックの再発を弾力的な通貨供給で防止することが，連邦準備制度設立の最大の目的であった。しかし，それまで季節的な通貨需要問題を巧みに処理してきた連邦準備制度は，1930年代初期には銀行取り付けに対して弾力的に通貨を供給せず，金融恐慌の再発を防止できなかった。

第3章

連邦準備制度の金融政策，1929年8月－1933年3月

　本章では大恐慌期の連邦準備政策を考察する。第1章で述べたように米国では1929年8月から1933年3月までの大恐慌期間に工業生産は53％，卸売物価は38％低下し，失業率は25％に達するという未曾有の大不況を経験した。銀行制度も大打撃を受け，1933年3月6日にルーズベルト大統領による全国銀行休日が発令され，米国の全商業銀行が一斉にその機能を停止するという銀行制度の瓦解も生じた。このような重大な期間の公開市場政策を，連邦準備制度内部における意思決定過程を中心に検証する。

　当時の連邦準備制度の失策については，第1章で指摘した。1930年末に発生した銀行不安による公衆の預金引き出しは，時間の経過とともに大規模な銀行取り付けへと進展していった。その理由は，銀行制度に預金引き出しに十分対処できるだけのハイパワード・マネーを連邦準備制度が供給しなかったからである。そのため諸銀行は流動性を確保するために主に市場性のある証券等の資産を処分したので証券の市場価格は急落し，それによる評価損で諸銀行には資本損失が発生し銀行の安全性は著しく低下した。このような銀行の安全性の低下に不安を持った公衆がさらに預金を引き出したために，銀行はより大々的に資産を処分せざるをえなくなり，これがさらなる市場性資産の価格低下を引き起こし，これによる評価損で債務超過に陥る銀行が続出し，営業を停止する銀行が増大していった。預金引き出し，銀行の証券売却，それによる評価損の発生のための銀行停止といった連鎖を断ち切るためには，連邦準備制度は銀行不安が生じた早い段階で，銀行制度の流動性不足

を解消するために十分なハイパワード・マネーを供給する必要があった。しかし準備制度はこれを実施しなかった。公開市場政策の意思決定過程を検討する最大の目的は，このような金融危機に直面していた連邦準備制度が，なぜ積極的な買いオペ政策でハイパワード・マネーを供給しなかったのかという理由を明らかにすることである。

これには第 2 章で論じた 1920 年代期の連邦準備制度の二つの政策面の進展と深く関わっているものと考えられる。失策の理由の一つは公開市場政策に関する権力の分散である。すでに論じたように，1922 年にニューヨーク連銀初代総裁のベンジャミン・ストロングの卓越した指導力によって公開市場投資委員会が組織され，以後この委員会と委員会の議長を務めるニューヨーク連銀が準備制度の公開市場政策で中心的な役割を担うことになる。しかし公開市場投資委員会もしくはニューヨーク連銀は，現在の準備制度の最高意思決定機関である連邦準備制度理事会のように公開市場政策の全権を掌握したのではなかった。公開市場政策の実施には，連邦準備局の認可そして各連邦準備銀行の同意を必要とし，しかも各連銀は独自に公開市場操作を実施する権限を依然として保持していた。フリードマン＝シュワルツが強調したように，このような分散した権力構造の下での集団による公開市場政策に関する意思決定は，卓越した指導力を発揮できる中心的人物がいない限り優柔不断となりがちであった[1]。

失策の理由のもう一つは政策運営の枠組みである。繰り返すが 1920 年代期に実施した公開市場政策で，連邦準備当局者らが一番重視した指標は加盟銀行の連銀借入額であった。その理由は，連銀借入額の変化と短期市場利子率の変動との間に，非常に強い正の相関が認められていたからである。連銀借入の増加は市場利子率の上昇を導き，連銀借入の減少は市場利子率の低下を導くため，政策の運営指針として連銀借入額は非常に重視されていた。1929 年 8 月に景気が後退し始めると，それまで大量にあった加盟銀行の連銀借入は急速に減少し，それに伴って短期利子率も大幅に低下した。その後イギリスが金本位制を離脱する 1931 年 9 月まで連銀借入額は歴史的な低水

準に維持され，そのため銀行制度に流動性危機が発生していたにもかかわらず，大部分の連邦準備当局者の当時の金融情勢に関する判断は「極端に緩和されている」というものであった。イギリスの金本位制離脱後に加盟銀行による急速な連銀借入の増加が生じると，それを減少させるための1932年3月から本格的に開始される買いオペ政策の実施には，連邦準備制度に迷いはなかった。そしてこの買いオペ政策は加盟銀行の連銀借入が大幅に減少し，主要金融センターで過剰準備が発生したこの年の8月に終了した。ニューヨーク連銀や連邦準備局の総裁を含めた一部の委員等は，加盟銀行の連銀借入が低水準であっても銀行制度に過剰準備を供給するための買いオペ政策を支持した場面もあったが，大恐慌期全体を通してみれば，加盟銀行の連銀借入が高水準の場合には買いオペ政策を実施し，連銀借入が低水準の場合は，たとえ買いオペ政策が議論されたとしても，それが見送られるという意思決定の流れであった。

　以下，公開市場政策に関する権力の分散と政策運営の枠組みにおける加盟銀行の連銀借入量の重視という二つの点を念頭に置き，大恐慌期の連邦準備政策を検証する。期間を3期に区分する。第1期は米国で景気後退が生じた1929年8月から，銀行破産が大規模化する直前の1930年10月までである。この期間はニューヨーク株式市場崩壊という重大な出来事はあったが，それでも銀行破産の発生に特徴づけられる金融危機は生じていなかったので，通常の景気循環的な不況局面と把握できる。第1章ではこの期間の連邦準備政策についてあまり触れなかったので，ここでは詳細に論じるつもりである。第2期は第1章で主に問題とした1930年11月から1931年12月までの銀行破産が多発した期間である。この期間には，国内金融情勢が悪化するとともにイギリスの金本位制度の離脱に象徴される国際金本位制度の崩壊も生じた。まさに金融恐慌の局面である。このような重大な期間だけに，第1章の議論との重複を承知で論述を進めることにする。第3期は政策当局が10億ドル規模の本格的な公開市場政策に着手する直前の1932年1月から，結局その努力もむなしく最終的に米国銀行制度が崩壊した1933年3月までである。

論述に当たっては各節（各期間）とも，まず連邦準備信用，金ストック，流通通貨，加盟銀行準備，ハイパワード・マネーそして利子率等の動向を検証し，その後にこれらの動向に強い影響力を行使した連邦準備政策の意思決定過程を考察していくことにする。

1. 景気循環的不況局面での金融政策, 1929年8月－1930年10月

　連邦準備制度は，株式投機の過熱を懸念して1928年初頭より実施してきた引き締め政策を1929年8月に，後述するようにやや複雑な形ではあったが緩和政策へと転換した。この政策転換の直接の目的は季節的な通貨需要への対処であったが，この時点で連邦準備当局者は景気が下降局面に入りつつあることを十分認識しており，一般的な景気情勢にも配慮していた。全米経済研究所のデータによると1929年8月が景気上昇から下降への転換点なので[2]，これは適切な政策転換だったといえる。

　1929年8月以降の緩和政策の検証に先立って，連邦準備制度が1928年初頭からこの時までに実施した引き締め政策の規模について簡単にみておくことにする。

　表3-1は1929年7月31日時点の国内資金の源泉と用途を貸借表示したものである[3]。括弧内の正負の数字は1928年1月4日から1929年7月31日までの引き締め期間における各項目の変化額を示している。この期間に（4）の流通通貨が2億2,200万ドル減少しているのは，引き締め政策と関係なく，前章で考察したように比較の月が通貨需要の増大する1月初旬とそれがほぼ最低となる7月末という季節的要因によるものである。(1-2)の買入手形が3億1,200万ドル減少しているのも，同様にその大部分は季節的要因による。(2)の金ストックはこの期間全体を通してそれほど大きな変化はなかった。政策的観点からいって重要な項目は(1)の連邦準備信用を構成する要素のうち，(1-3)の政府証券と(1-1)の割引手形である。この間に連邦準備制

表 3-1　国内資金の源泉と用途（単位 100 万ドル）　1929 年 7 月 31 日残高

（源泉）			（用途）		
(1) 連邦準備信用………………	1,347	（− 257）	(4) 流通通貨…………………	4,430	（− 222）
			(5) 財務省現金保有…………	212	（±　0）
(1-1) 割引手形………………	1,076	（＋ 555）	(6) 財務省連邦準備銀行預金…	14	（−　2）
(1-2) 買入手形………………	75	（− 312）	(7) 非加盟預金………………	28	（−　7）
(1-3) 政府証券………………	147	（− 480）	(8) 他連邦準備勘定…………	376	（＋ 74）
(1-4) その他…………………	49	（− 20）		5,060	（− 157）
(2) 金ストック…………………	4,054	（− 38）			
(3) 財務省通貨…………………	2,013	（＋　7）	(9) 加盟銀行準備……………	2,355	（− 131）
	7,414	（− 288）		7,414	（− 288）

（　）1928 年 1 月 4 日から 1929 年 7 月 31 日までの変化額
（出所）*Banking and Monetary Statistics*, pp.383-384.

度は精力的な売りオペを実施し，その保有する政府証券は 4 億 8,000 万ドル減少した。この時点での保有額は 1 億 4,700 万ドルであり，これは 1924 年以降の最低水準である。この 1 億 4,700 万ドルの政府証券のほとんどは諸連銀が自行の投資勘定で保有していたものであり，政策的に政府証券が売買操作される制度特別投資勘定での保有は 4,000 万ドルに過ぎなかった[4]。このように 1928 年初頭からの引き締め政策で，連邦準備制度は保有する政府証券をほぼ売却し尽くしてしまった。他方，この期間に割引は 5 億 5,500 万ドル増大し 10 億ドル以上となった。この 10 億ドルの残存額は 1922 年以降の最高水準である。政府証券の減少が 4 億 8,000 万ドルである一方，割引の増加が 5 億 5,500 万ドルなので，この両者の増減は前章で考察した量的相殺効果である。連邦準備制度は政府証券の売りオペ政策で割引の増加を意図的に導いていた。

　予想されるようにこの割引の増加に伴って，短期市場利子率例えばコマーシャルペーパーの利子率は 1928 年 1 月の 4％から 1929 年 8 月までに 2.13％ポイント上昇し 6.13％となった。同期間の加盟報告銀行の貸付・投資の伸び率は 4.52％であり，年率に換算すると 2.85％であった。1923 年から 1927 年までの 5 年間のその年平均の伸び率が 7.20％だったのと比較して，この期間

には貸付・投資はかなり抑制された[5]。1928年初頭よりの引き締め政策の目的は，連邦準備信用の株式市場投機への利用の阻止にあったが，この必要以上の銀行信用の抑制が，1929年秋以降の景気後退の一因になったものと考えられる。

大恐慌に先立つ引き締め期間の金融政策を以上のように確認したうえで，景気の後退局面となる1929年8月から1930年10月までの14カ月間の緩和政策を検証していくことにする。この14カ月間に工業生産指数は114から83へと27％低下し，卸売物価指数は96から83へと14％低下したので，かなり厳しい景気縮小が進行していた[6]。

第1章の図1−1と図1−2ではハイパワード・マネーの変化率と加盟銀行準備総額の推移を月次データで示したが，それらをより注視するために，ここでは各項目相互の変動規模を把握しやすくするために累積変化の形で，週次データを用いて示すことにする。図3−1から図3−4までに，1929年7月末を起点とした，1930年10月までの期間の国内資金の源泉と用途を構

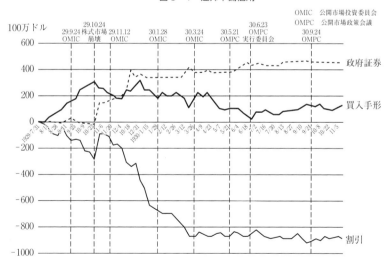

図3−1　連邦準備信用

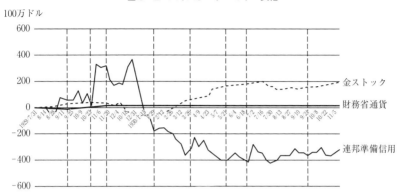

図3-2 ハイパワード・マネー供給

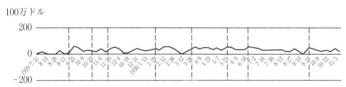

図3-3 その他合計

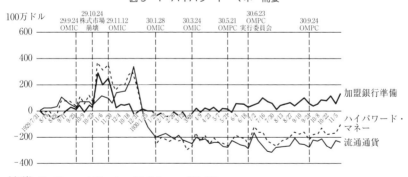

図3-4 ハイパワード・マネー需要

(出所) *Banking and Monetary Statistics,* pp.383-385.

成する各項目（従って表3-1の各項目）の累積変化額が示されている。縦に引かれた破線は公開市場投資委員会（The Open Market Investment Committee）と，それが1930年3月に改組された公開市場政策会議（The Open Market Policy Conference）の開催日を表している。ニューヨーク株式市場が崩壊した日付も同様に示されている。

　図3-1は連邦準備信用を構成する割引手形，買入手形および政府証券の推移を表したものである。金額的にほぼ無視できる主にフロートからなるその他連邦準備信用は省略されている。図3-2は国内資金の源泉を構成する連邦準備信用（従って上記の3項目の合計），金ストックおよび財務省通貨の推移を示している。図3-3は，国内資金の用途項目のうち変動規模の面からはそれほど重要ではない財務省現金保有，財務省連邦準備銀行預金，非加盟預金そして他連邦準備勘定の4項目の合計額の推移を表したものである。図3-4は流通通貨と加盟銀行準備の推移を，そして破線は両者の合計額の推移を示している。

　第1章で述べたように，流通通貨は財務省と連銀の外部にある通貨のことであり，これには公衆の保有する現金以外に銀行が保有する手元現金も含まれる。加盟銀行準備は連邦準備預金である。ハイパワード・マネーは中央銀行預金と市中に流通する現金の総額と定義されるので，上の説明より図3-4の破線はハイパワード・マネーの変化額を表している。これはまた表3-1の国内資金の源泉と用途の関係から，連邦準備信用＋金ストック＋財務省通貨－（財務省保有現金＋財務省連邦準備預金＋非加盟預金＋他連邦準備勘定）の合計額にも等しい。つまり図3-2の各項目の合計額から図3-3に示される金額を控除したものである。従って図3-3のその他合計の変化額を無視できるものとすれば，図3-4の破線はハイパワード・マネーの累積変化額を，図3-2の連邦準備信用，金ストックそして財務省通貨の関係からはその供給（源泉）側から，図3-4の流通通貨と加盟銀行準備の関係からはその需要（用途）側から示したものである。

　以上の説明を念頭に置き，1929年8月から1930年10月までの各項目の

変化額の特徴を述べれば次の通りである。

(1) 図3-2の連邦準備信用は，1929年10月24日のニューヨーク株式市場崩壊以前に増加傾向にあり，市場崩壊とともにさらに増加したが，1930年に入ってからは減少の一途をたどった。これを図3-1の連邦準備信用の要素からみると，ニューヨーク株式市場崩壊以前の連邦準備信用の増加は連邦準備制度の積極的な手形購入によってもたらされた。株式市場崩壊後のそのさらなる増加は，政府証券と割引の増加によるものである。そして1930年に入っての連邦準備信用の大幅な減少は，主に政府証券の増加を相殺して余りある割引の減少によって引き起こされた。

(2) 図3-2の金ストックは株式市場崩壊後と1930年夏に若干減少したが，趨勢としてはこの間，着実に増大した。

(3) 図3-4の流通通貨は当初，年末需要という季節的要因によって増加したが，年明け後は通常の季節的還流を上回って減少した。通貨需要のピークを迎える12月第4週から年明けの1月末までの通貨還流額は，1922年から1929年までの年平均が約4億ドルであるのに対して，1929年12月第4週から1930年1月末までの還流額は5億5,000万ドルであった。通常の季節的パターンを上回るこの通貨還流は，不況による取引一般の停滞を反映したものと思われる。

(4) 図3-4の加盟銀行準備は株式市場崩壊時に増加した。これは，後に詳述するように株式市場崩壊によって非銀行部門がそれまで行っていたブローカーズ・ローンを回収した際に，ニューヨーク市銀行がそれを引き継ぐためにブローカーズ向け融資を増加させたので，それに対応して預金が大幅に増大し，準備金を積み増した結果である。もちろん，この準備の積み増しは(1)に示したように，一部は割引の増加によって，そして一部は連邦準備制度の政府証券保有の増加によって可能となった。その後ニューヨーク市銀行が引き継いだ，このブローカーズ・ローンの回収や再移転が速やかに進み，預金が減少するにつれて，加盟銀行準備は1929年12月までに株式市場崩壊以前の水準に戻り，その後1930年に入ってからはほぼ安定的に推移し

た。1930年に入ってのこの準備の安定は，加盟銀行が，準備金増加の寄与要因である金ストック，通貨還流および連邦準備制度の政府証券保有の各増加を連銀借入（割引）の返済にそのまま利用したことを反映している。

　以上が各項目の変化の特徴である。株式市場崩壊時の金融調整期間を除いて，1930年初頭から10月までの各項目の変化額を総合的に捉えると，それは図3-4のハイパワード・マネーの減少に現れている。これを上記の（3）と（4）の需要側からみると，流通通貨の減少によって引き起こされたことになる。(1)と(2)の供給側からみると，金ストックの増大を相殺して余りある連邦準備信用の減少によって引き起こされたことになる。従って連邦準備制度はこの期間に金を不胎化し，なおかつそれ以上のハイパワード・マネーに対する収縮的圧力を行使していたといえる。

　このハイパワード・マネーの減少を連邦準備政策との関係からどう捉えるかは難しい問題である。フリードマン＝シュワルツによると，1929年8月から1930年10月までの14カ月間にマネーストックは2.6%低下しており，この間，貨幣乗数はわずかに上昇したので，この低下はすべてハイパワード・マネーの減少によって引き起こされた。上述の通り金は流入していたので，結局このマネーストックの低下は連邦準備信用の減少によって生じた。従って，比較的厳しい不況期間に連邦準備信用の減少を許した政策は到底金融緩和政策といえず，むしろ引き締め政策であって，連邦準備制度はこの14カ月間に積極的な買いオペ政策で連邦準備信用を増大すべきであったと，彼らは当時の政策を批判している[7]。

　他方，図3-5に示されるようにニューヨーク連銀の割引率およびコマーシャルペーパーの利子率は1930年夏までに大幅に低下し，金利動向から見ればこの期間に相当の金融緩和が進んだと判断できる。1930年6月の2.5%という割引率は連邦準備制度設立来の最低水準であり，8月におけるコマーシャルペーパーの3%は，1890年に正式に統計がとられて以来の最低水準である。ちなみに90日満期の銀行引受手形の公開市場利子率は1930年7月までに1.88%となり，これも統計がとられて以来の最低水準となった。短期利

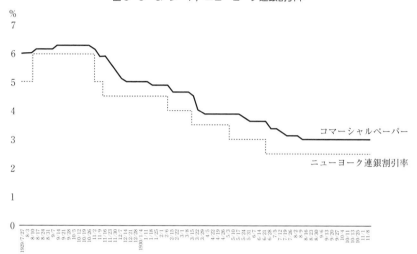

図 3-5 CP レート，ニューヨーク連銀割引率

（出所）*Banking and Monetary Statistics*, p.441, p.456.

子率が低下した理由は，一つは加盟銀行準備の安定に示されるように資金需要が低迷していたことであり，今一つは前章で考察したように割引が激減し銀行信用の収縮圧力が大幅に軽減したことである。1929 年 8 月時点で割引は 1922 年以降の最高水準となる 10 億ドル以上であったが，1930 年 7 月末までに 2 億ドルという連邦準備制度設立当初の 2，3 年の期間を除くと最低水準まで減少した。よって 1920 年代期を通して連邦準備制度が通貨・信用政策の指針として重視していた割引は激減し，短期利子率は歴史的な低水準に達したので，政策運営の枠組みからいえば金融緩和政策は十分に実施されたことになる。実際に 1930 年度の連邦準備局年次報告は，この年の政策を「金融緩和政策」と記している[8]。

　通常，ハイパワード・マネーおよびマネーストックの増加は市場利子率を押し下げ，それらの減少は市場利子率を押し上げると考えられる。しかし，この期間にはハイパワード・マネーおよびマネーストックの減少と市場利子

率の低下が同時に生じた。不況期にハイパワード・マネーおよびマネーストックと利子率との間にこのような背反的な動きが生ずるのは，なにもこの期間に限ったことではなく，その後もしばしば生じており，そのつど通貨当局の政策運営をめぐる論争の種となっている[9]。興味深いことに，1929年8月から1930年10月までの期間に連邦準備制度内部でこの問題に関する見解の対立が生じていた。ニューヨーク連銀に代表される緩和推進派は，不況対策として利子率の低下よりも加盟銀行準備の増加ひいては銀行信用の増加を重視した。他方，緩和推進に消極的もしくは反対だった現状維持派は，銀行準備の増加に投機やインフレといったある種の危険を抱き，利子率が大幅に低下したことで金融緩和は十分遂行されたという認識であった。

金融政策の展開

1929年8月7日-8日の連邦準備銀行総裁全体会議で，「秋季における農産物の移動および取引の必要に付随して増大する信用需要は，可能な限り手形購入への参加を希望する諸連銀の手形ポートフォリオの増加によって満たされるべきである」という決議が採択された。連邦準備局がこれを認可した後に，ニューヨーク連銀は8月9日，ただちに90日満期の手形買入率を$5\frac{1}{4}$％から$5\frac{1}{8}$％へ引き下げ（以下，本書で手形買入率に言及する場合，90日満期手形の買入率を用いる），手形購入による緩和政策に着手した。第2章で述べたように，年間を通しての連邦準備信用の変動は，通貨需要の季節的な増減に伴って年の前半に縮小し後半に増大するというパターンであり，この8月の手形購入も例年通りの季節的緩和政策であった。この会合で手形買入率の引き下げが合意された一方で，連邦準備信用の株式市場投機への利用を防止する目的で，ニューヨーク連銀の5％から6％への割引率の引き上げも連邦準備局によって是認された[10]。そして手形買入率が引き下げられた8月9日に同時に割引率の引き上げも実施された。

このように矛盾する政策が取り決められたが，いずれにせよ8月9日に割引率が引き上げられたことからいえば，この時点で連邦準備制度がその政策

を引き締めから緩和へ転換したことにはならない。しかし，この総裁会議において連邦準備当局者は景気が後退局面に入りつつあることを十分に認識しており，そのため会合後に通常の季節的通貨需要を満たす以上の手形を購入し，割引の減少を導いたので（図3-1参照），公開市場政策の面からいえば緩和政策に着手したことになる。

そのあと9月24日に開催された公開市場投資委員会に，そのメンバーである東部5連銀の総裁が招集されたとき，連銀総裁らは8月9日以降の手形購入計画がほぼ順調に進んでいることを確認し，引き続き手形購入による金融緩和を支持した。そして手形購入だけで資金需要を満たすことができない事態に備えて次の勧告を行った[11]。

加盟銀行信用の拡大を不必要にあるいは異常に刺激することなく，秋季間の加盟銀行割引総額の増加を回避することが，また可能な場合には一層の減少を促進することができるのならば，この目的のために委員会は連邦準備諸銀行による公開市場［投資］保有のさらなる増加に賛成する。

もし手形がこの目的を達成するのに十分な量で獲得されうるならば，その継続的な購入による投資保有の増加に賛成する。

現在の望ましい流通を妨げることなしに手形が十分な量で獲得されえない場合には，委員会は短期償還の政府証書を購入することに賛成する。

それゆえ委員会は，［購入への］参加を希望する諸連銀の勘定分でそのような証書を週当たり2,500万ドルを越えない範囲で購入する権限がこの委員会に与えられることを勧告する。

この勧告にある政府証券購入も季節的緩和が意図されたものであるが，投資委員会はこの時点で一般的な景気・金融情勢についても，「過去18カ月間に，この国の利子率は次第に上昇してきており，貨幣の獲得は，とりわけ新規事業にとっては，より困難になってきた。景気は依然として高水準にあるが，後退が差し迫っているという兆候がある。」という見解を示して警戒感

を強めた。この投資委員会後に開かれた連邦準備局と投資委員会との合同会合で，投資委員会議長を務めるハリソン・ニューヨーク連銀総裁は準備局に対して，政府証券を今すぐ購入するつもりはないが，一層の金融逼迫を防止するために，また世界の金融状態を正常に機能させるために，購入の用意は必要であると述べて，購入勧告が季節的緩和だけを目的としたものではないことを示唆した。

しかし，ニューヨーク株式市場が崩壊する1929年10月24日まで，連邦準備制度の手形保有は，投資委員会の勧告目的である割引の減少を促進するのに十分なほど増大したので，投資委員会は政府証券の買いオペを実施しなかった。そして，株式市場崩壊を契機に経済情勢の悪化が一段と鮮明になると，連邦準備制度は本格的な緩和政策に着手した。

すでに株価は9月7日に最高点に達していた。この日にスタンダード・スタティスティクス株価指数は254と，それまでの最高水準を記録したが，その後一進一退を繰り返していた。10月に入り株式市場は楽観，悲観が交錯する展開をみせた。前日比で10ポイントの下落を記録した10月3日に株価指数は230へと低下し，この時点で市場には悲観論が高まった（表3-2参照）。しかし，市場は再び勢いを取り戻し10月10日までに株価指数は245へと回復した。ここから再度，低下が始まり18日には230を割り込み，23日には211まで低下した。翌24日，それまでの一日平均の取引高が約400万株であったのとは対照的に1,300万株余りが投げ売られ，市場はパニック状態に陥った。いわゆる10月24日の「暗黒の木曜日」である。翌2日間は市場は比較的穏やかであり，落ち着きを取り戻したかに見えたが，週明けの28日月曜には920万株，翌29日火曜にはさらには1,640万株が投げ売られ，株価指数は162へと低下した。この時点で市場崩壊は決定的となった。

ニューヨーク連銀は株式市場崩壊に素早く対応した。市場が危機的状況にあった10月24日から30日までの一週間に，9月24日の公開市場投資委員会が勧告した週当たり2,500万ドル以下の政府証券の購入権限を無視して，また連銀の政府証券操作に一般的な監督権を持つ連邦準備局に事前協議を求

めることなく,独自の判断で1億4,100万ドルの買いオペを実施した。この購入の大部分は,表3-3に示されるように29日,30日の両日に実施された。購入の目的について,ニューヨーク連銀はその年次報告で次のように詳しく述べている。

表3-2 スタンダード・スタティスティクス株価指数

日付		指数	ニューヨーク株式市場取引高 (100万株)
10月	1	238.1	4.525
	2	239.8	3.368
	3	229.9	4.747
	4	227.5	5.624
	5	238.1	2.452
	6	休日	休日
	7	241.7	4.262
	8	240.9	3.758
	9	240.4	3.157
	10	244.7	4.000
	11	244.3	3.964
	12	休場	休場
	13	休日	休日
	14	242.6	2.756
	15	240.6	3.107
	16	232.2	4.088
	17	235.8	3.864
	18	229.0	3.508
	19	222.4	3.488
	20	休日	休日
	21	220.2	6.092
	22	224.5	4.130
	23	211.2	6.375
	24	204.5	12.895
	25	207.4	5.923
	26	206.0	2.088
	27	休日	休日
	28	180.6	9.213
	29	162.2	16.410
	30	182.6	10.727
	31	191.8	7.149

(出所) Chandler, L. V., *American Monetary Policy, 1928-1941*, p.80.

表3-3　ニューヨーク市銀行準備とニューヨーク連銀信用（単位，100万ドル）

	ニューヨーク市銀行準備		割引		政府証券		買入手形	
	残高	変化	残高	変化	残高	変化	残高	変化
10月24日	745	＋21	131	＋24	17	＋1	100	－24
25日	776	＋31	161	＋30	29	＋12	94	－6
26日	767	－9	213	＋52	29	0	95	＋1
28日	778	＋11	126	－87	38	＋9	90	－5
29日	877	＋99	194	＋68	120	＋82	91	＋1
30日（水曜日）	925	＋48	246	＋52	157	＋37	101	＋10
変化合計額		＋201		＋139		＋141		－23

（出所）Preliminary Memorandum for the Open Market Investment Committee, November 11, 1929.

　［株式市場の］この変化において，信用の観点からの支配的要素は，銀行以外の貸し手らが行っていたブローカー向け貸付の不安定性であった。継続的に保証金を積み増さなければならない人たちが保証金割れとなった株式を市場で投げ売る作用の下，株価が崩壊するにつれて，また株式取引所閉鎖の可能性に関する噂が広まるにつれて，銀行以外のこれらの貸し手らは彼らの資金の安全と入手可能性について不安になり，諸銀行に対してこの資金を回収すべく彼らの代理人となって活動するように求めた。1週間内でこれらの貸付のうち総額14億ドルが市場から引き揚げられた。加えて地方の諸銀行は，そのかなりの部分がおそらく彼らの顧客に代わって行っていた，約7億ドルのそのような貸付を回収した。この莫大な引き出しによる深刻な貨幣不足を証券パニックに加えないようにするには，ニューヨーク市諸銀行が，連邦準備信用の入手可能性に拠りえるという確信をもって，彼ら自身の資金を引き出された貸付と進んで置き換えようとする心持ちと，その能力とによるだけであった。このようにして，ニューヨーク市銀行は，彼らの貸付と投資を単独の週間に14億ドルも増大させるように求められた。これらの銀行の預金は対応的に増加するので，当連邦準備銀行での諸銀行の所要準備も比例的に増大し，彼らは突然2億ドル以上の追加準備金を模索することが必要となった。当連邦準備銀行が最も危機的状況にあった二日間に1億2,000万ドルの政府証券を購入し，加盟銀行に対してこの莫大な需要を満たすのを助けたのは，この点であった。従って，諸銀行は信用に対する需要増加の一部分だけを追加借入で対処するのが必要であることが分かり，そして金利を上昇させることなく

必要とされた資金を供給できた。資金の緊急需要は深刻な動揺なしに過ぎ去った[12]。

ニューヨーク連銀は，株式市場崩壊に際して金融逼迫を回避するために買いオペばかりではなく，加盟銀行に対して「自由貸付」も実施した。それに応じて10月24日から30日までの1週間に，ニューヨーク連銀での加盟銀行割引は1億3,900万ドル増大した（表3-3参照）。ニューヨーク連銀が講じたこれらの施策が有効だったのは明らかであり，それがなければ上昇したであろう短期利子率は全く変化しなかった。「資金の緊急需要は深刻な動揺なしに過ぎ去った」と，その年次報告が伝えている通りである。

このように株式市場崩壊時のニューヨーク連銀の活動は正当化されるが，買いオペを実施するに当たって連邦準備局に事前協議を求めなかったことが，それでなくとも以前より反目していた両者の利害の対立を決定的に表面化させてしまった。

ハリソン・ニューヨーク連銀総裁は，市場で大量の株式が投げ売られた10月28日の晩に，何らかの措置をとらなければ，ブローカーズ・ローンのオープンマーケット利子率であるコール・レートは急騰すると判断した。彼には連邦準備局と，そしてまた公開市場投資委員会と協議する時間がなく，ようやく29日早朝にニューヨーク連銀の二人の重役と連絡がとれただけであった。そして，ニューヨーク連銀はこの日のコール・レートが公表される前に政府証券購入を手配した[13]。

前章で述べたように，1922年に連銀総裁らが公開市場投資委員会の前身である「政府証券購入および売却の集中執行に関する総裁委員会」の創設を決定した際に，各連銀の政府証券売買はこの委員会を経由して実施されることが取り決められたが，それでもそれぞれの連銀は自行の投資勘定で政府証券を売買する権利を依然として保持していることも確認された。従ってニューヨーク連銀が単独で買いオペを実施したことは，この取り決めに反するものではなかった。しかし，総裁委員会改組後の公開市場投資委員会においては，準備局の一般的な監督権限の下，投資委員会に操作が委ねられていた制度特

別投資勘定で連邦準備制度の政府証券売買は行われるというのが慣行となっていた。また個々の連銀は相当量の政府証券売買を独自の判断で行うべきではないということも暗黙に了解されていたものと考えられる。だが，この株式市場崩壊時の購入に際して，ニューヨーク連銀は，信用政策の事柄として，連銀には準備局の認可なしに自行の投資勘定で政府証券を購入する権利があることを主張した[14]。

10月29日にハリソンからニューヨーク連銀の活動について報告を受けた連邦準備局は，活動そのものは正当化できるという見解を示したが，その監督権限を無視されたことには当惑し，また憤慨した。この憤慨は，「どの連銀も連邦準備局の承認なしには政府証券および証書等を売買してはならない」という規則を11月5日に準備局が定めたことに反映された。しかし，このような規則の制定について準備局の法的権限を疑問視した顧問弁護士からの意見で，結局，準備局はこれを実際には採用しなかった[15]。また，準備局はヤング連邦準備局総裁に対して，仮にニューヨーク連銀が割引率を6%から5%へ引き下げる認可を準備局に申請するのであれば，ニューヨーク連銀は準備局の承認なしにこれ以上政府証券を購入しないという条件でこれを認める用意があることを，ハリソンに伝えるように求めた。景気の一層の後退を懸念したニューヨーク連銀は11月1日に割引率を6%から5%へ引き下げたが，この引き下げはそのようにして行われた[16]。政府証券操作の権限に関するニューヨーク連銀と準備局との間で生じた軋轢はこれにとどまらず，11月12日に開催された公開市場投資委員会の買いオペ勧告の認可をめぐる問題へと発展した。

株式市場崩壊後に開催された11月12日の公開市場投資委員会に東部5連銀の総裁が招集されたとき，経済・金融情勢はすでに大きく変化していた。この会合に用意された資料は，株式市場崩壊によって生じた景気・金融情勢の変化を次のように要約していた。

「(1) 準備制度によってその信用を保護する政策を2年間に渡って必要とした，投機的利用のための信用需要は沈静した。(2) 10億ドルを越えるブ

ローカーズ・ローンのその他勘定から銀行貸付への転換は，加盟銀行に相当の負担を課し，連銀での彼らの借入を総額9億ドル以上へと増大させた。(3) 事業活動は依然として後退を示してきており，そしてある程度は，株式市場の整理に起因する購買力の破壊と事業心理の動揺とが原因で，一層後退する恐れがある。」さらに資料は，市場崩壊が公開市場政策に与えた，また今後与えるであろう影響について次のように記していた。「コール・ローンから他の利用への資金の移動には，銀行引受手形に対する大規模な需要増加が伴い，その結果，最近では準備銀行に手形がほとんど差し出されず，手形の総保有が増加するのが普通である期間に減少してきている。」そして，この傾向が数週間続くと予想されることから，これが原因で連邦準備制度の手形保有は増大しないのではないかという懸念を表明していた[17]。

会合で東部5連銀の総裁らは，上記の資料が表す通りに経済・金融情勢に厳しい認識を示し，そして最終的には以下の決議を採択した。

9月24日の委員会開催以降，信用情勢は突然変化した。すでに景気後退の兆候があった時に証券担保の信用に厳しい清算があり，これは目下の状況では，景気安定に対して重大な脅威をなしている。これは明らかに連邦準備制度に対して，事業にとって貨幣が穏当な利子率で容易に入手できることを確実にするために，その権限内であらゆる活動を採らせる必要を示唆しているようである。

（前略）これらの事情を鑑み，また加盟銀行割引総額の増加を回避する，また可能な場合にはいくらかの減少を促進させる目的で，準備制度は手形が現在の望ましい流通を妨げることなく十分な量で獲得されうる場合には，その購入を通して，もし獲得されえないならば政府証券購入を通して，連邦準備銀行の公開市場［投資］保有の増大を用意すべきである，というのが委員会の意見である。

また委員会は，現在の情勢は，あるいは銀行業と事業の安定を維持する観点から信用の過度の逼迫を回避するために，緊急処置として大量の政府証券を即座に購入する必要が起

こりうる地点へと進展するかもしれない，という事実にも留意している．

　それゆえに委員会は，（中略）現在の政府証券購入に関する週当たり 2,500 万ドルの制限は取り除かれ，それに代えて［購入への］参加を希望する諸連銀の勘定分で 2 億ドルを越えない範囲で政府証券を購入する権限がこの委員会に与えられることを勧告する[18]．

　この 2 億ドルの購入勧告の直接の目的は，上の決議文に示されているように割引の減少を促進することであり，前章で議論した 1920 年代期の連邦準備制度の政策運営の枠組みからいえば，1924 年および 1927 年の緩和政策時の買いオペ政策と同一である．しかも，1929 年 11 月には割引，利子率ともにより高水準にあったので，買いオペ政策は即座に実施されてしかるべきであった．しかし準備局はこの 2 億ドルの買いオペ勧告を検討した際に，投資委員会に特定量の政府証券を購入する権限を与えないとする，またそれまで効力を持っていた週当たり 2,500 万ドルの委員会の購入権限も無効とする，ミラー連邦準備局委員によって提出された動議を採択した．そして，連邦準備局総裁と協議できないくらいに突発的な緊急事態での投資委員会による購入には，準備局は異議を差しはさまないという譲歩を示したうえで，これをハリソンに通達した[19]．事実上，投資委員会には準備局との事前協議なしには政府証券を購入できないという制約が課された．準備局がこの決議を採択した背景には，もちろん株式市場崩壊時におけるニューヨーク連銀の単独行動がある．

　このような準備局の要請を投資委員会は受け入れられるはずもなく，事態の打開に向けてハリソンとヤング連邦準備局総裁との間で数回の会談がもたれた．最終的な合意に到ったのは 11 月 23 日であった．この日の両者の会見を留めたハリソンの記録によると，ヤング総裁は 11 月 12 日の公開市場投資委員会の勧告を制限なしに認める用意はあるが，まず始めに次のことを知りたいと述べていた．

ニューヨーク準備銀行がそれ自身の勘定分で操作を行ったという係争されてきた問題は，何処に残されることになるのか。私（ハリソン）は彼に，これは手続きと司法権の問題を含んでおり，解決のためには私としては，われわれがこの危機的期間を切り抜け，互いに満足のいく何らかの手続きを考えださせるいつか後の時点まで，また情勢と人々の感情がずっと静まり，より正常な状態になるいつか後の時点まで，それには手をつけないほうがよいのではないかと思っている，と述べた。そこで私は次の提案をした。もし連邦準備局が公開市場投資委員会の報告を制限なしに認め，実行を委員会に委ねてくれるならば，翌水曜日に私はわが重役たちに対して，ニューヨーク連邦準備銀行は，それと準備局が互いに満足のいく手続きを明確化できるようになる時まで，一般的な信用政策の事柄として準備局の許可なしにそれ自身の勘定分で購入するのを差し控えるのを忠告する[20]。

　ハリソンの譲歩はニューヨーク連銀にとって独自の活動が完全に制限されるものであり，おそらく不本意であったと思われるが，ともあれ両者が互いに譲歩した結果，11月25日に準備局は11月12日の投資委員会による2億ドルの購入勧告を認可した。しかし投資委員会は2億ドルの購入が認可されたにもかかわらず，11月27日から12月31日までの間に1億5,500万ドルの政府証券を購入したに過ぎなかった[21]。
　連邦準備制度は1929年末までに金融緩和のために手形購入と政府証券購入以外の他の措置も講じた。ニューヨーク連銀は1929年8月8日に6％に引き上げた割引率を，前述したように11月1日に5％へ，そして同月15日には$4\frac{1}{2}$％へ引き下げた。ボストン，フィラデルフィア，アトランタ，シカゴ，カンザスシティー，サンフランシスコの各連銀もこれに追随し，割引率を5％から$4\frac{1}{2}$％へ引き下げた。
　1930年に入ってもニューヨーク連銀は割引率を6月20日までに4段階の変更で$2\frac{1}{2}$％まで引き下げた。すでに述べたように，これは連邦準備制度設立来の最低水準である。他の諸連銀はニューヨーク連銀ほど割引率の引き下げに，というよりは一般的な金融緩和の推進に熱心ではなく，1930年6月末までにボストン，シカゴ，クリーブランド連銀は割引率を$3\frac{1}{2}$％，そして

他のすべての連銀は4％までへ引き下げるにとどまった。連銀間の足並みはそろわなかった。

　マクドゥガル・シカゴ連邦準備銀行総裁は1930年9月25日の連銀総裁と連邦準備局との合同会合で，この一連の引き下げでのニューヨーク連銀の先行について，次の不満を述べていた。「11月の第1回目は，進展していた状況下では，割引率を引き下げれば景気にある都合のよい影響を与えるかもしれない，そしておそらく与えるであろうという考えで促されたと思っている。第2回目は，いくらか有益な結果を持つであろうという期待で行われた。そして第3回目は，われわれがニューヨークとシカゴとの間には大きな差がありすぎると考えた，ニューヨーク準備銀行の割引率を2½％に引き下げた活動のために主に行われた。それはここにいる誰にとっても明らかであると思う。しかしそれが景気に役立つであろうとは考えられなかった。そうこうする間に，結局ニューヨークは5回の変更でまるまる1ポイント下回ることになってしまった。」[22]

　この不満は1930年6月までに，割引率の引き下げで金融緩和をどの程度推進すべきかということに連邦準備制度内部で見解の相違があったという一例を示している。こうした見解の相違は，非公式の公開市場投資委員会として1930年1月28日－29日に全連銀の代表がワシントンに招集された時に，すでに現れていた。不況が本格化する初期の段階で各連銀は金融緩和政策の実施について意見の違いがあった。

　この1930年1月28日に連銀の代表が招集された目的は，上述した1929年末に実施した1億5,500万ドルの買いオペの経済効果を吟味することと，連邦準備制度は金融緩和政策をさらに推し進めるべきか否かを議論することであった。ちなみに会合に用意された資料は，1929年9月には10億ドル近くにあった割引がこの時点で4億5,000万ドル以下へと激減した点に言及し，「これは快適な貨幣市場状態を導く割引総額である」と金融緩和が順調に進んでいることを記してあった。他方，同じパラグラフで，「貨幣は企業にとって，事業を促進するであろうような，それ相当の利子率で容易に入手できる

とは，まだ言うことができない」と，金融緩和が十分でない点も指摘していた。景気については，「昨年夏に始まった景気後退は，その年の最終2カ月間でより速まるようになり，12月の数値は1924年以降のどの年において記録されたそれよりも大きな低下を示した。」と，厳しい認識を示していた[23)]。

この会合で緩和政策の継続を主張したのは，ニューヨーク，アトランタそしてクリーブランド連銀であった。他の残る連銀はそれには全く否定的であった。そしてここで金融緩和の推進に反対した連銀多数派の見解が，大恐慌全期間にわたってそのままその後の連邦準備制度の政策態度に反映されることになる。以下，各連銀代表の意見を聞くことにしよう[24)]。

ハリソン総裁は，「ニューヨークの重役たちは早急に割引率を引き下げるのを望んでいる」と述べるにとどまった。これは，1929年11月7日にニューヨーク連銀重役会が買いオペ政策の必要性を鑑み，「これが行われなければ，この数週間の出来事の後に，景気は不況と失業を必然的に伴うリセッションのより大きな危機をはらむかもしれず，われわれは全力をあげてそれを阻止しなければならない」[25)]という決議を採択したのと比べると，かなり控え目な発言であったといえる。

ファンチャー・クリーブランド連銀総裁は，「11月の計画は非常にうまく遂行されたと思うし，そして事が順調にいけば，おそらく2月に割引率を引き下げることで，一層の緩和が望ましいかもしれないと思っている」と述べた。

この時に緩和政策を積極的に支持したのは，ブラック・アトランタ連銀総裁であった。彼は，「アトランタ地区において事業は，とりわけ比較的小規模な事業はうまくいっておらず，事業の気構えも芳しくない。事業とこの気構えはこれ以上の金融緩和によって改善されるであろう」と述べ，「アトランタ連銀は依然として信用緩和の継続を望んでいる」と主張した。アトランタ連銀はその後もニューヨーク連銀が提案する買いオペ政策に一貫して賛成する立場をとる。

緩和推進に反対した諸連銀の代表の意見は次の通りである。

マクドゥガル・シカゴ連銀総裁は，「緩和政策が景気に役立つのであれば，それは考慮に値するが，現在の諸金利は制限的ではないと思うし，また担保貸付の一層の清算があってしかるべきであると思う」と述べた。シカゴ連銀はその後の政策会合で頻繁に売りオペを提案し，ニューヨーク連銀の主張する買いオペ政策に一貫して反対することになる。マクドゥガル総裁は，この年の6月にハリソンが買いオペ政策を擁護する内容の手紙を各連銀に送った際にも，「市場には豊富な資金があり，このような状況下では分別ある事柄として，準備資金を必要とされない時に市場へ注ぐよりも，むしろこれから先に需要が生じた時にそれを満たすのに備えて，状態の強化を維持するのが準備制度の政策であって当然である」との返事を書いていた[26]。

　ノリス・フィラデルフィア連銀総裁は，「公開市場購入は十二分に遂行され，11月の政策目標は達成されたので，連邦準備の介入の結果としてよりもむしろ自発的に生ずる，より低利の利子率を考えてみたい」と主張した。彼はこの年の9月の政策会合で緩和政策を不満とする，かなりまとまった報告を行ったが，これは当時ニューヨーク連銀が示した緩和政策を支持する見解の反論をなし，かなり興味深いものなので，ニューヨーク連銀の見解ともども後に詳しく取り上げることにする。

　パドック・ボストン連銀副総裁は，「［銀行信用には］行われるべきより多くの清算があると思うし，彼ら［ボストン関係者］は，緩和を一時的に停止する政策を支持しており，緩和過程を今さらに先へ進めることには賛成しないであろう」と述べた。この時点で連邦準備局総裁であったヤングは1930年9月にその職を辞任し，新たにボストン連銀総裁に就任するが，彼はその資格でボストン連銀を代表する政策会議のメンバーとなり，政府証券購入に終始反対し，マクドゥガルとともに売りオペ政策を支持することになる。

　コーキンズ・サンフランシスコ連銀総裁は，「私の地区では通常以上の清算があった」と述べ，そして「もしこれ以上の緩和が必要ならば，それは手形［買入］利率によって最もうまくなされうるであろう。しかしながら，鋭敏な活動のための理由はない」という見解を示した。

タレー・ダラス連銀総裁は，「この［11月の］計画は成就されたものとして，それには満足しているし，また私の地区の現在の割引率にも非常に満足している。現時点で緩和に向けたさらなる特定の措置には反対する。」と主張した。彼はマクドゥガルと同様，6月のハリソンの手紙に対して，現在の苦境は強気の株式市場を沈静できなかった連邦準備制度の過去の犯罪にふさわしい罰であるという感情をあらわにして，「内科医が患者を無視して，あるいはたとえ彼の専門技術の限界内で最高の判断に従って患者にできるあらゆることを行ったとしても，いずれにせよ患者が死ぬのであれば，人工呼吸もしくはアドレナリン投与を利用して患者を生き返らすのはまったく不可能であるということが認められる。」と，緩和政策に反対する返事を書いていた[27]。

　セイ・リッチモンド連銀総裁は，「私の重役たちは公開市場計画に賛成したが，大多数の者は5％の割引率を維持することに賛成している」と述べ，「現在の準備制度の政策は，緩和あるいは引き締めいずれかの方向に積極的に向けられるよりも，現在の緩和趨勢の維持に向けられるべきである」という見解を示した。

　マーティン・セントルイス連銀総裁は，「いくつかの銀行グループは干ばつ後の貸付に，そしてまた他のグループは証券担保貸付に縛られているので，割引率を現在の水準で維持したいと思っている。そして高金利はこの状況の整理に役立つであろう」と述べた。

　ジーリー・ミネアポリス連銀総裁は，「私のところの割引率は依然として貨幣を得るための商業手形利率を下回っている。そして諸銀行はいまだに彼らが清算したがっている貸付を持っているので，この理由から高金利が継続してもらいたいと思う」と述べた。

　このように多くの連銀総裁らは，その当時の支配的な経済思想と思われる「清算主義」に基づき，1920年代後期の株式ブームで過剰になったと認識していた資本の清算を，そしてこれに付随する銀行の担保貸付や証券投資の清算を支持した。そして，清算を引き延ばすことになりかねない低金利に向け

た金融市場への人為的介入に反対した。後に見るように，不況が深まるにつれて一部の連銀総裁らは，このような考えをより一層鮮明に主張するようになる。

　この1月28日-29日の会合の最終的な公開市場政策に関する合意は，上記の連銀総裁らの意見からほぼ予想される通りである。ただし，セントルイスを除く各連銀の代表は，連邦準備局より提案のあった，季節的逼迫を回避するための手形買入率の引き下げには好意的に対応した。したがって政策合意は，政府証券購入には反対するが手形購入には賛成するという形をとった。以下，決議文である。

　事実は次の通りである。
1. パニック的感情は沈静した。
2. 景気後退が生じてきており，まだその程度と期間を確定することはできない。
3. 商業および産業にとって，貨幣はより利に適った利率で入手可能となった。
4. 清算は通常のしかたで進んでいる。
5. 再割引は4億5,000万ドル以下へと減少した。
6. しかしながら，加盟銀行には彼らが減少させたがっている大量の証券担保貸付がある。
7. 清算は都市の銀行よりも地方の銀行において遅れている。

　これらの事情からして，政府証券の公開市場操作はこの時点では，現在の信用趨勢を停止させるためにも，促進させるためにも必要ではない，というのが委員会の判断である。

　しかしながら，委員会は，準備制度の現在の手形ポートフォリオの流出と時を同じにした，春季景気に対しての付加的［資金］需要が，万一諸金利の引き締まりという結果に終わるのであれば，景気に不都合な影響を及ぼすであろうと考える。

　それゆえに委員会は，連邦準備諸銀行がその手形操作に，現在の手形ポートフォリオを準備信用に対する付加的な季節的［資金］需要の結果として生じかねない諸金利の引き締

まりを回避できる範囲へ増大できるほどの柔軟性が持てるように，連邦準備局によって決定される手形最低買入率は引き下げられるべきであると勧告する。

　この投資委員会の勧告を受けて，また市場利子率が急速に低下していったこともあって，ニューヨーク連銀は翌3月24日-25日の投資委員会の開催までに手形買入率を断続的に引き下げた（表3-4）。しかしながら手形のオファーは少なく，図3-6の銀行引受手形の保有分布で1930年上半期の動向が示すように準備制度は手形ポートフォリオを維持するのが困難となった。その理由として，手形買入率が市場利子率を下回るほどには引き下げられなかったことがあるが，それ以上に銀行が長期投資に資金が拘束されるのを嫌い，その状態を過度に流動的に保とうとしたことが挙げられる。従って，諸銀行にとって銀行引受手形は第二線準備として望ましいものになり，引受銀行は引受手形を通常よりも長期にわたって保有するようになり，また余剰資

表3-4　ニューヨーク連銀90日満期銀行引受手形最低買入率と公開市場利率

発効日	連銀買入率	公開市場利率
1930		
2月11日	3 7/8*	3 3/4
2月24日	3 3/4	3 3/4
3月5日	3 5/8	3 5/8
3月6日	3 1/2	3 3/8
3月11日	3 3/8	3 3/8
3月14日	3 1/4	3 1/8
3月19日	3 1/8	2 3/4
3月20日	3	2 1/2
5月1日	2 7/8	2 3/4
5月2日	2 3/4	2 5/8
5月8日	2 5/8	2 1/2
5月19日	2 1/2	2 1/2
6月5日	2 1/4	2 1/8
6月20日	2	2
12月24日	1 3/4	1 7/8

※　4%から引下げ
(出所) *Annual Report of Federal Reserve Bank of New York* for 1930, p.18.

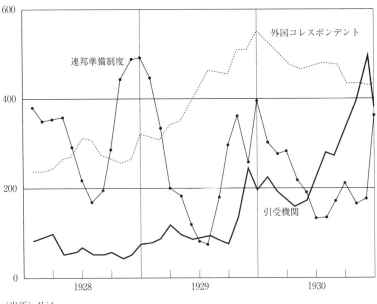

図3-6　銀行引受手形保有分布（単位：100万ドル）

（出所）*Ibid.*

金を持つ銀行はそれを市場で購入したので，ニューヨーク連銀への手形オファーは減少した。1930年度のニューヨーク市銀行と他の主要センターの銀行の引受手形保有は，この市場が組織されて以来の最高額となった[28]。この事実はまた連邦準備制度の手形保有の増大が売手からのオファー待ちになる手形買入率操作では，緩和政策の遂行に大きな限界があることも明らかにしている。

　このような理由で手形ポートフォリオの維持が困難になったので，また経済情勢がさらに悪化したために，ニューヨーク連銀は連邦準備局の認可を得て自行の投資勘定で3月6日から19日までの2週間に5,000万ドルの政府証券を購入した。この購入と1月の投資委員会の決議の整合性や購入の経済効果などをめぐって連銀総裁らの間に意見の相違はあったが，この5,000万

ドルの政府証券は制度特別投資勘定に移され，名目的には各連銀参加による連邦準備制度購入となった[29]。

　3月24日‐25日の公開市場投資委員会に正規のメンバーを含めた全連銀の代表が招集されたとき，景気は依然として改善の兆しをみせず，会合に用意された資料は，「景気後退は1924年，1927年いずれの場合よりも厳しくなってしまったようである。景気後退とともに失業も深刻となった」と，改めてその厳しさを強調していた。他方，金融情勢については，「先の会合時に観察された金融の緩和傾向は，部分的には事業目的の信用および通貨需要が低下したため，しかし大部分はこの期間に総額1億ドルに達した，おおむね日本とブラジルからの大量の金輸入のため，その時に予想されたよりもさらに急速となってきている。」と記していた[30]。この金流入によって割引はさらに減少し，総額2億1,100万ドルという低水準に達した。

　金融は緩和されてきたという認識は，前回の会合と同じであり，従ってこの会議そのものも，ただ一つの重要な点を除けば1月の会合の繰り返しであった。最終的に採択された決議は次の通りであり，1月の決議と変わりはなかった。

　公開市場操作によって貨幣市場を緩和するに当たって連邦準備制度がすでに採用してきた処置は，金融緩和の刺激を事業的な［資金］需要に与える点で，現時点では望ましいと思われるぐらいはかどった，と委員会は考える。委員会は，目下のところ政府証券をこれ以上購入する理由はないと考える。

　予期せぬことへの柔軟性と備えを期するために，委員会は準備局によって決定される手形最低買入率を2½％へ引き下げることに賛成する。しかしながら，現在では予想されえぬ何らかの展開がなければ，手形を3％以下で購入すべきではないというのがこの会議の意見である[31]。

　1930年3月24日は，1922年に連銀総裁らの合意で東部連銀5行の代表で

組織され,翌23年に連邦準備局によって一端解散されると同時に同一のメンバーで再組織された公開市場投資委員会の最終会合日となった。翌3月25日にニューヨークとアトランタ連銀の代表を除くすべての連銀の代表が一堂に会し,かねてより準備局から提案のあった政府証券操作の手続き変更について議論し,様々な改正を含めて公開市場投資委員会 (The Open Market Investment Committee) の公開市場政策会議 (The Open Market Policy Conference) への改組を決定した。最大の変更点は,政策会議のメンバーが東部連銀5行から全連銀12行の代表へと広げられたことである。新たな政策会議はこれまでの投資委員会と同様,法制的に何ら強制力を持たない任意の組織であり,ここからの脱会は各連銀の自由であった。政策会議が勧告し準備局が認可した政府証券売買操作の全権が委任され,それを執行する実行委員会が以前の投資委員会と同一のメンバーで,すなわちニューヨーク,シカゴ,フィラデルフィア,ボストンおよびクリーブランド連銀の代表で組織されることになった。もちろん実行委員会には,以前の投資委員会と違ってそれ自身の判断で政府証券操作を立案し,それを実行する権限はない。このような手続きに従う政府証券売買の制度特別投資勘定への各連銀の参加は,不参加の場合は連邦準備局総裁と実行委員会議長にその理由を知らせるように求められたが,連銀の任意であった。政策会議の議長には以前の委員会と同様,ニューヨーク連銀が選出された。実行委員会議長もニューヨーク連銀が務めることになった[32]。

　この改正はニューヨーク連銀にとって不満だったはずである。公開市場投資委員会の設立以来,ほとんどすべての政府証券操作はニューヨーク連銀がその計画を立案し投資委員会に提案してきたのであり,これを実行するには,以前の委員会では残る4人のメンバーを説得すればよかったが,今後の政策会議では他の全連銀11人のメンバーを説得しなければならなかった。ハリソンは後に,連邦準備局初代総裁で,その職を辞任した後も準備局のメンバーであったハムリンに,「公開市場政策会議にすべての総裁を引き込んだのは誤りであった。総裁たちは彼らの重役らに指図されるようになった。以

前の組織の下では，委員会は決してそのような指図を受けなかった。」と不満を口にしていた[33]。しかも政策会議でニューヨーク連銀の提案が受け入れられたとしても，執行に際しては今一度，実行委員会のメンバーの同意を得なければならないという手続き面での煩わしさも加わった。

　政府証券操作の手続き変更については，すでに1928年秋に連邦準備局から連銀に対して諸提案があった。その一つは，今回の提案と同様，投資委員会のメンバーシップの拡張であり，連銀側はそれには同意した。だが，準備局はこの新委員会の下で準備局総裁が議長を務めるという提案も行っており，これには彼らは反発し拒否した。そのため，1928年には手続きの変更は実現しなかった[34]。この提案には，政府証券操作におけるニューヨーク連銀の影響力を弱めようとする準備局の意図が明らかに反映されている。従って，今回実現した改正にもこのような準備局の意図が働いていたことに疑いはない。

　ニューヨーク連銀は，手形操作は公開市場政策会議の管轄にないことを次のように述べて，この改正を承諾した。「政府証券の購入量あるいは売却量は直接決定できようが，他方，銀行引受手形の保有量は時々において，市場状態に迅速に調整されなければならない利率統制に主に支配されるのであり，それゆえに公開市場政策会議による事前の決定に従わない。」[35] ニューヨーク連銀は政府証券操作でなしえたであろうことを手形操作に代替させようと試みたが，前述の通りそれには限界があった。

　景気に回復の兆しが見えないまま1930年5月21日－22日に公開市場政策会議は初会合をもった。招集の目的は，ヨーロッパ歴訪を終えたハリソンがそれについて報告することであった。会合で彼はこの不況が世界的性格である点を強調した。米国の1930年度第1四半期の輸出が前年同期よりも22%，輸入が20%下回っている事実に触れ，世界不況が米国経済に与える影響に言及し，次いで世界不況の原因と解決について以下の見解を示した。

　　世界不況は，一部はある主要商品の過剰生産が原因であるが，多くの諸国における運転

資本の不足を，従って購買力の制限を反映しているようでもあり，これは昨年蔓延していた世界貨幣市場での逼迫した信用状態に影響された。（中略）世界貿易の回復は，国内取引の回復が国内企業の合衆国での新規資金調達に大きく依存するのとまさに同じに，ニューヨーク貨幣市場での外国借入という手段を通した購買力の回復に少なからず依存するように思われる[36)]。

　ハリソンの主張がここに出席していた連銀総裁らにどれだけ説得力を持ったのかは定かではないが，最終的な政策合意は実行委員会に対して条件付きで政府証券操作の権限を委ねるというものであった。何もしないことを決定した１月と３月の会合での政策合意よりも金融緩和に向けて若干の前進があった。以下，決議文である。

　（前略）この会議にとって，通商産業および農業の状態は，この国ばかりではなく明らかに世界の他の至る所でも，依然としてひどく低迷しているように思われる。連邦準備制度の活動が得策と思われるようになるぐらいの様相でさらに情勢が進展する場合には迅速な活動を用意するために，このような状況は引き続き注意深く観察するに値するというのが，この会議の判断である。

　しかしながら，現状では公開市場操作に関するどの断定的勧告も得策であるとは思われない。それでも，もし情勢が準備制度による公開市場操作を必要とするぐらいに進展するならば，会議のメンバーに再招集が，全体会議が実行できない場合には実行委員会の勧告に基づく迅速な活動が用意されて然るべきであるというのが，この会議の見解である[37)]。

　ハリソンはこの決議を準備局に提出した際に「購入の必要は何時にも急迫するようになるかもしれない」と述べたが，その通りに彼は上の決議にある「実行委員会の勧告に基づく迅速な活動」をそう長くは待たなかった。６月３日，実行委員会はハリソンの提案による２週間の実施期間で週当たり 2,500 万ドルの政府証券購入を電話で協議し合意した。各連銀の同意を得て，準備

局が認可した後,実行委員会は翌 4 日から 11 日までに 5,000 万ドルの政府証券を購入した[38]。

　サンフランシスコ連銀は緩和活動に反対して購入には参加しなかった。コーキンズ・サンフランシスコ連銀総裁は,ヤング連邦準備局総裁に宛てた手紙で,その理由を次のように記していた。「a）信用は安価であり,余剰となっているのだから,景気回復が信用をより安価に,そしてより余剰にすることで速められるであろうとは,われわれは考えない。b）われわれは,過度の低金利が債券市場を促進する,ないし形成するであろうと考えるべき理由が,ここ最近のこの国にとっての正反対の証拠を見る限り理解できないし,さらに債券市場の促進ないし形成が連邦準備制度の職務の一つであるとは考えない。c）われわれは,貨幣を市場に投入する活動が有益な効果を持つであろう好機が到来するかもしれないと思うし,もしそのような時に政府証券からなるわれわれの公開市場ポートフォリオが度を過ぎているならば,それを増加させるのに躊躇するのではないかと考える。」[39] 債券市場への言及は,以下で見るニューヨーク連銀の主張に対する反論である。そしてこのような見解がサンフランシスコ連銀独自のものではないことが,すぐに判明する。

　この 5,000 万ドルの政府証券購入は手形保有の減少で完全に相殺されてしまった。そのため,またニューヨーク連銀の重役らが債券市場への資金供給が十分ではないことに不満を抱いていたので,ハリソンは購入の継続を提案する目的で 6 月 23 日に実行委員会を招集した。

　政策会議のたびに,その時々の経済・金融情勢を概括してある資料がニューヨーク連銀によって会合に用意されていたが,この日の実行委員会の資料はそれまでのとは異なり,図表を交えてかなり入念な現状分析が試みられている。買いオペを提案する明確な目的でハリソンがこの会合を招集したことから,ニューヨーク連銀はこのような資料を用意したものと思われる。従って,その内容はニューヨーク連銀自身の金融政策に関する見解を表しているといって間違いない。そこで以下では,この資料の内容を要約することでニューヨーク連銀の買いオペ擁護の見解をみていくことにしたい[40]。

まず一向に回復の兆しを見せない景気について，資料は「現在の景気後退は1924年，1927年のそれよりも，世界的な不況と物価下落とを伴った1921年の後退と多くの類似点を持つ」と，その深刻さを改めて強調している。1930年5月までの工業生産指数の推移は，資料によると次の通りである。

	1930年				
1929年5月	1月	2月	3月	4月	5月
124	104	107	104	106	104

　そして連邦準備制度の政策的な観点から最も重要である民間資金需要について，「週報告銀行の商業貸付は，季節的でない減少を継続してきたので，昨年秋以来のこれらの貸付額の減少は，1921年以降に発生した最大のものとなった」とし，短期資金に需要が少ないことを認める。しかし，これは資金需要がないことを意味していないとし，「需要は短期信用よりもむしろ資本に対してあり，この需要は時折，証券投資に活用を求めている資金供給の漸進的な増加を凌駕するほど大きく，そして債券市場は実際にはまだ強くなっておらず，たやすく消化しきれなくなる」と指摘する。長期資金への需要の強さの証拠として次の1928年，1929年そして1930年の年初からの5カ月間の新発債券状況を挙げている。

（単位：100万ドル，借り換発行を除く）

	1928年	1929年	1930年
国内企業	1,054	1,083	1,654
自治体および州	629	512	599
外国	672	237	552
総額	2,355	1,832	2,805

　1930年の年初からの5カ月間における債券の新規発行額が前年同期より

も約 50％上回っている事実について，次のように言葉を続ける。「新規発行のこの大きな増加は，過去 1 年半の高金利の期間に蓄積され，満たされなかった資本需要に応答しているようである。その期間，ここの市場での外国借入はほとんど停止され，債券市場を通した自治体借入も押さえ込まれたし，国内の生産・販売会社によって獲得された新資本量は，並み外れた大量の会社証券が販売されたにもかかわらず，異常に大きいということはなかった。」ここでの会社証券の販売とは株式発行への言及であり，その大部分は投資信託等の金融会社による発行，企業合併の際の新旧株式交換のための発行，そして銀行借入の返済や債券償還を目的とした発行であり，「その結果，今年になって国内企業に資本が過剰供給されているという証拠はなく，むしろ資本に対する需要に，とりわけ鉄道および公益会社からの増加があった。そして債券市場は利用されうるであろう資金すべてを供給するに足りるほど強くなってきてはいない」と，長期資金需要について結んでいた。

次いで資料は，この長期資金需要が景気および銀行行動に与える効果について分析している。まず，生産，商業貸付および新規債券発行の関係につい

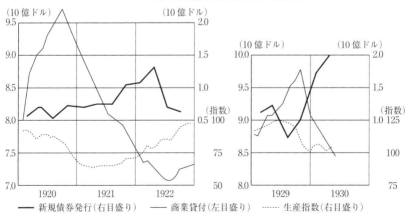

図 3-7　工業生産指数，新規債券発行，商業貸付

(出所) Preliminary Memorandum for the Executive Committee for the Open Market Policy Conference, June 20, 1930.

て図 3–7 から，1921 年–22 年の不況・回復過程では，「債券市場を通した資本需要の増大は景気回復に先行する一方で，短期貸付に対する需要は景気回復に先行するよりもむしろ後に生じがちであった」と述べる。今回の景気後退での資金動向もこれと類似しており，ここから資料は債券市場の活性化なしには景気回復がはかどらないことを示唆する。他方，「加盟銀行信用の拡張が，短期商業信用よりも最初は資本市場に関係する信用形態に発生するという対応的な傾向があるということを見出すのは驚きに値しない」とし，図 3–8 より以前の景気後退から回復への移行過程では銀行信用の増大が証券投資と証券担保貸付にあり，今回も同一経過にあることを主張する。しかしながら，以前と比較して今回は銀行の証券投資がそれほどはかどっておらず，その原因は昨年の債券価格の下落にあり，それによって銀行が債券投資を増大させるのを躊躇している点が指摘される。つまり銀行側の要因で，上記に表した旺盛な長期資金の需要が完全には満たされていないのではないかという懸念の表明である。その解決策として図 3–9 より，「ここ数年間のいく度かの準備銀行による政府証券購入は，商業銀行の投資保有の増大を促進させたことをまったく明確に示している」と指摘する。さらに，1921 年以降の合衆国の経済成長が約 45％に達していることから事業の資本需要も増大したので，「現在，銀行による債券投資が以前の効果をもたらすためには，その一層の増加が必要である」と述べ，この時点での政府証券購入の必要性を強く示唆する。

　以上が 6 月 23 日の実行委員会に用意された資料の内容であり，ニューヨーク連銀の買いオペ擁護の見解である。これを図式化して単純に示せば，買いオペ→銀行準備増加→銀行の債券投資拡大（銀行信用増加）→民間企業の資本調達増加→民間支出増加，という流れである。前章で買いオペの景気に対する効果は，割引の減少とそれと強い相関関係にあった短期市場利子率の低下から民間支出および銀行信用が拡大するという経路に求められることを指摘した。すなわち，買いオペ→割引減少→短期市場利子率低下→民間支出増加→銀行信用増加→銀行準備増加，という波及経路である。明らかに両者は

図3-8 加盟銀行信用および工業生産指数

図 3-9 加盟報告銀行証券投資および準備銀行政府証券保有

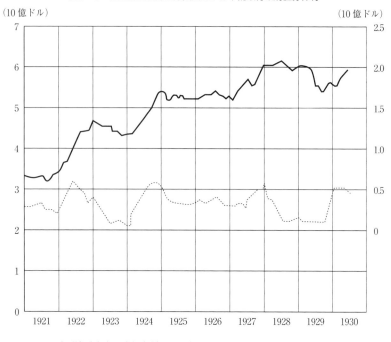

（出所）Ibid.

逆転しており，ニューヨーク連銀のここでの主張は，銀行準備増加から民間支出増加となるのに対して，下の例では金利を媒介に民間支出増加から銀行準備増加という関係になっている。よってニューヨーク連銀は，公開市場政策に金利効果ではなく支出効果を見出していたことになる。ニューヨーク連銀がここで支出効果を重視した背景には，買いオペが実施されるとニューヨーク市銀行は逸早く連銀借入を返済でき，過剰準備を持てる立場にあるという事実がある。1924 年の買いオペ政策時にはニューヨーク市銀行には過剰準備が発生しており，信用を自由に拡張できる状態にあった。従って 1930 年 6 月の時点でニューヨーク連銀がこのような主張をするのは，今後の政府

証券購入が過剰準備を発生させるほど割引が低水準にあるという認識に基づくものである。

　この実行委員会でハリソンは上述のニューヨーク連銀の見解を改めて要約したうえで，他の4人の実行委員会メンバーに買いオペの実施を求めた。しかしながら，ノリス・フィラデルフィア連銀総裁がここに出席していた他の連銀総裁らの意見を代表する形で，「現在の景気および物価の後退は，金融的な原因であるよりも，むしろ大部分は多くの方面における事業での過剰生産と過剰生産設備のせいであり，緩和政策は一層の過剰生産と過剰生産設備を生み出す」と異論を唱え，買いオペに反対した。最終的には，「実行委員会としては，現時点で連邦準備制度が証券のさらなる公開市場購入に着手するのは望ましくない，という意見である」という動議が4対1の賛成多数で可決された[41]。

　このように，買いオペによる銀行投資の活性化を主張したニューヨーク連銀の見解は政策会議に受け入れられなかった。先に示したサンフランシスコ連銀が買いオペ政策に反対した理由のうちの一つに，「債券市場の促進ないし形成が連邦準備制度の職務の一つであるとは考えない」とあったが，ノリス・フィラデルフィア連銀総裁は，翌9月24日-25日の公開市場政策会議で，さらに極端に連邦準備制度は短期の銀行信用のみに責任を持つべきであり，しかもその短期信用に対して受動的に対応すべきである，という意見を報告した。この報告にも言及することにしよう[42]。

　まずノリスは，報告の冒頭でこれまで実施してきた連邦準備制度の金融政策に対して次の不満を表明した。「準備制度の適切な機能は連邦準備局第10年次報告の中で十分に表されている，とわれわれは常に考えていた-すなわち，『連邦準備は，景気拡張時には信用に必要とされる追加を供給し，景気後退時には弛みを締める。』それゆえ，われわれは，景気後退時に必要とされない信用を追加供給するという近ごろ追求された政策に与しないことを必然的に知るのであり，それは上述の規則と正反対である。」次いで，今回の景気後退の原因について，これまでの彼の考えを繰り返した。「商品価格の

低下は，ほとんどすべて過剰生産の結果であり，過小消費に負わせることはできない。」，「この過剰生産は一年前までは現れなかった。なぜならば，前例のない繁栄が長期間続くと理由なく信じられていたことと割賦販売とに刺激され，過剰購入が過剰生産と歩調を合わせていたからである。そのような経済的放蕩の結果を避けることはできない。現在われわれはそれを受けている。」こうした現状を救うには，次のように何もしないことであるという。「矯正は，生産の減少，在庫の減少，消費者金融の漸進的縮小，証券担保貸付の清算，そして倹約を通した貯蓄の蓄積によって生ずるに違いないと考える。これらはゆっくりとした，そして単純な治療であるが，『知識に対する王道』がないのと正に同じように，現状を矯正するための近道もしくは万能薬はないと思う。」そして現在の低金利が，このような過剰の清算過程で生じているのならば，それは健全であるが，そうでなければ不健全であり，「自然法へのあらゆる人為的妨害と同じに，潜在的な危険をはらんでいる」と警告する。最終的にはノリスは真正手形主義の立場から，上述したように，連邦準備制度は短期の銀行信用のみに責任を負うべきであり，このような信用需要に対して受動的に対応すべきであるという次の見解を示して買いオペ政策を批判した。

　この［買いオペ］政策は，貨幣市場における需要と供給の自然法の作用を妨害しており，人為的に低金利を，そして人為的に政府証券の高価格を作り出した。買いオペ政策は，われわれの加盟銀行に対する不正である。それは，公開市場操作に割引の機能を奪わせる結果となり，加盟銀行の借入に，ある不適当な要素があるという残念な印象を育みがちにした。それは，われわれの割引率を完全に名目的に，また無効にした。そして最終的には，またすべての中で最も重要なことであるが，すでに満たされている貨幣市場に，求められておらず必要とされない大量の連邦準備信用を流し込んだ結果，気がついてみるとわれわれの手中には，その大半が最終的には処分されなければならない6億ドル以上の政府証券がある。（中略）われわれは，本日いかほどの連邦準備信用が利用形態にあってしかるべきなのかを述べることを引き受けない。しかし，それでもやはり，そのかなりの部分は，

加盟銀行の借入に表され，これらの銀行と協力して利用される需要の結果であって当然であるという考えを抱いている。その 1/6 以下が，今日ではこの性質に属している。

　さて，これまで 1929 年 8 月から 1930 年 6 月までの連邦準備政策を振り返ってきた。たとえその緩和措置が不十分であったとしても，ニューヨーク連銀の割引率は 6% から 2½% へと引き下げられ，連邦準備制度の政府証券保有も 1924 年緩和政策時の 5 億ドルには及ばないが，1927 年緩和政策時の 3 億 5,000 万ドルを上回る 4 億ドル以上の増大をみた。ところが，以後 1931 年 6 月までの 1 年間に，従って大規模な銀行破産のうねりが米国銀行制度を襲った期間に，連邦準備制度は無策に徹することになる。この間，割引率こそ各連銀はもう 1% ポイント引き下げたが，政府証券保有には正味での変化はほとんどなかった。この間の政府証券購入は，1930 年 8 月 7 日に金輸出を相殺し貨幣市場を現状維持する目的で 2,500 万ドル購入したのが最後となる。8 月末には「手形購入を補完する必要がある場合には」という，季節的緩和を目的とした秋季における例年通りの購入計画で公開市場政策会議は実行委員会に 5,000 万ドルの購入権限を与えたが，この権限は全く行使されなかった[43]。次節で詳述するように，1930 年末には制度特別投資勘定と，いくつかの連銀の自行投資勘定とで 1 億 1,700 万ドルの買いオペが実施されたが，年明け後の 1931 年 1 月にすべて売却され，この購入で連邦準備制度の政府証券保有は増加しなかった。

　連邦準備制度がこのように不活動に陥った状況は，ノリス・フィラデルフィア連銀総裁が上記の報告を行った 1930 年 9 月 24 日 − 25 日の公開市場政策会議にはっきりと映し出されていた。この日の会合で連銀総裁らに一般的な緩和政策に対する配慮は全くなく，議論の中心は，第一には事態を軽減するには何もすべきではない，第二には貨幣市場の季節的逼迫だけは回避する，というものであった。彼らのほとんどは第一の考えにあったが，第二の面も配慮し，最終的には「利子率を現状に維持する目的で，手形購入を補完する必要がある場合には，1 億ドルを越えない範囲で政府証券を購入あるい

は売却する権限」を実行委員会に与える，という勧告を行った[44]。現状維持という条件付きではあるが，売りオペが考慮された。

この決定には2人の反対者と1人の投票棄権者がいた[45]。マクドゥガル・シカゴ連銀総裁は，明らかに政府証券売却による引き締め政策を支持し，反対した。コーキンズ・サンフランシスコ連銀総裁は，政策会議のメンバー全員が今は何もすべきではないという意見で一致しているにもかかわらず，すでに8月に5,000万ドルの購入権限を実行委員会に与えたうえで，さらにもう5,000万ドルの購入権限を実行委員会に認めた政策会議の行動に矛盾を覚え，反対票を投じた。タレー・ダラス連銀総裁は，政府証券の購入量あるいは売却量を長期的に決定する必要はなく，操作が行われるつどそれらを決定するほうが政策に柔軟性が持てるという理由で，投票を棄権した。この会合の後に開催された連銀総裁と連邦準備局との合同会議において，この勧告をめぐって，特に「利子率を現状に維持する」という点をめぐって両者の間に活発な議論が引き起こされることになった。

9月16日にヤングに代わり新たな連邦準備局総裁に就任したユージン・メイヤーは，「委員会の報告は，諸金利のどの緩和にも反対であることを示しているし，諸金利の引き締めに反対する政策も擁護している」と述べ，政策会議にはこの権限の下で一時的な金融逼迫を防止した後に，その政策を一般的な緩和政策へ反転させる意志があるのかどうか疑問を呈した。彼はこの勧告が，政策会議による緩和活動の終了を意味するものと思っていた。メイヤー総裁はヤング前総裁とは異なり，大不況の残る期間に政策会議に緩和活動の実施を求め，買いオペ政策を擁護する立場をとる。

ミラー連邦準備局委員の主張はもっと明確であり，政策会議の勧告を次のように遠慮なしに批判した。

委員会の提案は，必要であって当然な折りには買手としてであろうと売手としてであろうと，快適な金利状態と表された現在のそれを維持することにある。(中略) あなたがたの勧告は，われわれが直面している状況と関係しているのか。これは，現在の不況状態に

おいて起こる金融的もしくは信用的性格の諸問題ならば何でも処理する目的での計画なのか。過去の経験からは，不況の際には特に利子率は本当の信用状態に関して非常に不完全な指標であることがかなり決定的であるので，私はそれを問うている。景気が停滞するので，まさにその通り，あなたがたはより低い利子率を手にする。(中略)あなたがたは，諸金利が低下したために，一般的な金融状況の健全さについて間違った意識へと誤って導かれたのかもしれない。諸金利は信用を必要とする人たちにとっては低い。しかし，あなたがたを混乱に陥れている部分は，人々は借り入れを望んでいない，あるいは現実の問題として借り入れておらず，貨幣は動いていない，ということである。そして，あなたがたが回復に向けての政策で考慮しなければならない問題は，貨幣市場の形勢を変え，その動きのなさを打破し，その静的状態を動的で活動的な状態にする何かを行えるかどうかである。

「不況期には利子率は不完全な指標である」という指摘は興味深い。ミラーは利子率ではなく貨幣そのものの動きに働きかけるために必要な政策として買いオペ政策を擁護し，次の見解を示して政策会議にその実施を求めた。

準備銀行が私の政府証券と交換に与えてくれた貨幣で，私が購入する社債を私に売却する者は，向きを変え，最終的にはある新たな事業分野に何かを見出すに違いない。この事柄の本質は，この種の状況で証券を，まず第一には政府証券であるが，それを売却する気になる者は，彼自身の利点から投資を置き換えうる機会をどこかに見ているので，それを行うことであると，私は思う。

ミラーのこの見解は先に示したニューヨーク連銀のそれと変わるところがなく，要するに買いオペが利子率にではなく民間の投資行動に直接影響を与える効果を持ちうる，ということである。

ハリソンは歯切れの悪い対応をせざるをえなかった。一方ではニューヨーク連銀総裁としてミラーの主張を，ニューヨークにも同様の考えを持った重役，幹部職員らがいるとして評価した。他方では公開市場政策会議議長とし

て会議決定を擁護しなければならない立場からミラーの主張を，故意のインフレーション政策であり危険を内包していると，あるいは金準備の枯渇に繋がる政策で後に連銀総裁が窮地に立たされると述べ，批判した。しかし，このどれもがことごとくミラーに論駁され，最後にはハリソンは，ミラーの買いオペ提案は政策会議で議論されなかった，しかも満場一致で破棄された代替政策以上に拡張的な政策提案であったと論じ，準備局との議論を打ち切ってしまった。結局，連邦準備局側のメイヤー総裁の懸念もミラー委員の意見も，政策会議に政策変更をもたらすに至らなかった。

フリードマン＝シュワルツが指摘するように，もしニューヨーク連銀や上述のミラーが主張する，短期利子率に対する効果ではなく債券市場の活性化を促進するための政府証券の買いオペ政策がこの時期に実施されたとすれば，確実にハイパワード・マネーの供給量は増え，これがマネーストックの増大に繋がったであろう[46]。そうであれば，マネーストックの増加が支出活動を刺激し，その後の景気縮小は回避されえたかもしれない。仮に支出活動が伴わないとしても，ハイパワード・マネーの増加による銀行制度の過剰準備の蓄積は，その後の金融危機の程度を軽減したであろう。しかし，他の連銀総裁らの見解に見られるように，従来の政策指針である加盟銀行の連銀借入量は準備制度設立後の最低水準にあり，また短期利子率も最低水準にあったので，ニューヨーク連銀やミラーの主張は他の諸連銀には受け入れられなかった。その後の大恐慌の経過を考えると，一般的な不況からの景気回復と，金融危機の発生による不況から大不況への深化の分水嶺となる 1930 年秋という重要な時期における買いオペ政策の実施は，以上の経緯で見送られた。

2. 金融恐慌局面での金融政策，1930 年 11 月－1931 年 12 月

前節では不況の開始から銀行破産が発生する直前までの連邦準備政策を検証した。大不況への深化を特徴づける銀行破産と預金取り付けによる金融危

機はまだ生じていなかったので，この期間を景気循環的な不況局面と捉えた。この節では銀行破産が発生し，それが大規模化していく 1930 年 11 月から，政策当局によって本格的な金融危機対策が講じられる直前の 1931 年 12 月までの，まさに金融恐慌局面での連邦準備政策を検証する。

　この期間の連邦準備政策の問題点は第 1 章で指摘した。銀行破産の発生により通貨および銀行準備の需要が，従ってハイパワード・マネーの需要が大幅に増大したのに対して，連邦準備制度は積極的な公開市場政策でそれを能動的に十分に供給しようとはしなかったことである。この問題点を第 1 章では月次データの変化率を用いたハイパワード・マネーの需給動向を検証することで明らかにした。本節では，それらをより一層注視するために，前節に引き続き週次データによる累積変化の形でハイパワード・マネーの需要と供給の動向を検証する。

　図 3-10 から図 3-13 までには国内資金の源泉と用途を構成する各項目の変化額が示されている。これらの図は前節の 1929 年 7 月 31 日を起点とした 1930 年 10 月までの累積変化額を，引き続き 1932 年初頭まで延長したものである。したがって各項目の数値の正負は 1929 年 7 月末時点との比較においてである。縦に引かれた破線は公開市場政策会議の開催日とイギリスが金本位制度を離脱した日付を示している。

　図 3-13 の流通通貨と加盟銀行準備に注目すると，銀行破産の進展に伴って流通通貨が増大したのは 1930 年 11 月～12 月と 1931 年 3 月末以降である。大幅に増大していったのは 1931 年 6 月から 12 月にかけてである。同じ通貨需要が高まった 1930 年末期と 1931 年中期以降の期間で異なる点は，前者の場合には加盟銀行準備の減少が免れているのに対して，後者の場合にはそれが相当量減少したことである。1930 年末期の加盟銀行準備は一時的に減少した局面はあったが，概ねそれ以前の期間の水準を維持している。

　1930 年 11 月初めから 12 月末までに流通通貨は 4 億 6,400 万ドル増大した。もちろんこの増加すべてが銀行不安によるものではなく，季節的要因によるものも含まれている。1922 年～1929 年の 11 月初めから 12 月末までの季節

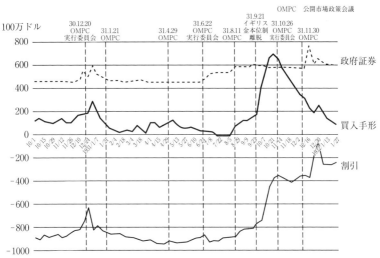

図3-10　連邦準備信用

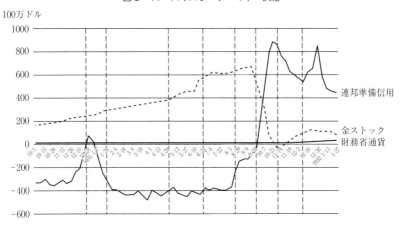

図3-11　ハイパワード・マネー供給

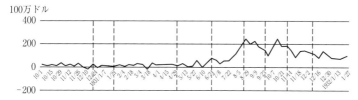

図3-12 その他合計

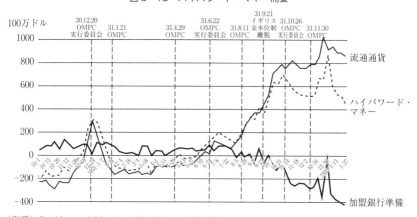

図3-13 ハイパワード・マネー需要

(出所) *Banking and Monetary Statistics*, pp.385-386.

的通貨需要は年平均で約1億7,000万ドルなので，この点を考慮すると，1930年末期の一連の銀行破産によって引き起こされた非季節的通貨需要は3億ドル余りと考えられる。これらの通貨需要の増加の大部分は，図3-11に示されるように連邦準備信用の増大で賄われたので，加盟銀行は準備流出を受けずにすんだ[1]。

他方，1931年中期から末期にかけての通貨需要の増大には，それを完全に賄えるだけの連邦準備信用の増加は伴わなかった。正確にいえば9月下旬以降の金流出を相殺し，なおかつ通貨需要を満たせるだけの連邦準備信用の

増加,すなわち図 3-10 の政府証券,買入手形そして割引の増加はなかった。このことが図 3-13 において 8 月以降にハイパワード・マネーが流通通貨を下回っていることに現れており,そしてこの差額が加盟銀行準備の減少に反映されている。

　以上は第 1 章で論じたことの再述である。従って銀行準備の減少から生じたマネーストックおよび銀行信用の激減,債券利回りの上昇,銀行破産のさらなる大規模化等の連鎖的な金融情勢の悪化について,ここで繰り返し述べる必要はない。この危機的な期間に連邦準備制度は本格的な政府証券購入をまったく実施しなかったことが,図 3-10 から確認できれば十分である。

　1931 年に入って一般的な経済活動に改善の兆しがあった。工業生産指数は 1929 年 8 月の 114 という最高点から 1930 年 12 月までに 79 へと 30％低下したが,1931 年第 1 四半期と第 2 四半期にこの低下は止まった。1931 年 3 月には 81 へとわずかに上昇し,そして 4 月と 5 月は 80 の水準で推移した。不況の開始から 1 年半以上が経ったこの時期までに,在庫調整そして生産調整がほぼ完了しつつあったと考えるのは妥当のようであり,経済回復への足場が固まりつつあった[2]。ところが生産指数は 8 月以降に再び急速な低下を開始し,1931 年 12 月までに 66 の水準へと低下した。これは明らかに 6 月以降に再発した銀行破産,それによる金融情勢の悪化に影響されたものと考えられる。

　1930 年末期に混乱に陥った金融情勢も,1931 年第 1 四半期には落ち着きを取り戻した。銀行破産は沈静し,公衆の預金引き出しも一旦は緩んだ。しかしこの期間に公衆の銀行不安が一掃されなかったことは,再び図 3-13 の流通通貨と加盟銀行準備の動きから明らかとなる。1930 年 11 月と 12 月に増大した流通通貨は 1931 年 1 月に銀行制度に還流したが,すべて戻ってきたわけではなく,依然として 1 億 5,000 万ドル余りが退蔵目的で流通に残った。3 月末には再び非季節的な通貨需要が生じており,他に理由がなければ公衆の銀行不安によるものと考えられる。他方,銀行側も公衆のこのような行動に対応して流動性を強化した。すでに論じたように 1931 年 1 月以降に加盟

銀行は1億ドル以上の過剰準備を保有するようになったのが，その現れである（第1章図1-2参照）。従って1931年1月から8月までの期間に加盟銀行準備は図3-11に示される金流入のおかげで1929年8月の水準を下回ることはなかったが，実際の法定所要準備はこの過剰準備の蓄積分だけ減少したことになり，この間に銀行信用は清算された。結局1931年第1，第2四半期におけるこのマネーストックおよび銀行信用に対する収縮圧力は，1930年末期に高まった公衆の銀行不安が1931年初期においても一掃されなかったことに起因する。

以上より，1931年第1，第2四半期に改善をみた生産活動が本格的な回復へと到らなかったのは，この時期に公衆の銀行不安が一掃されなかったためである。脆弱な金融環境の下で生産活動の改善の兆しが生じ，他方，銀行制度の弱体化による金融環境は放置されたままだったので，本来ならば着実に増進したであろう生産活動が大幅に抑制された。その後のさらなる景気縮小を考えると，1931年第1四半期および第2四半期における金融情勢は，大不況全般を通じて決定的に重要な意味を持つ。この期間に連邦準備制度は積極的な緩和政策に取り組むべきであったというのは，誰の目にも明らかであろう。

この期間の連邦準備信用の動きに目を転じると，1930年の間のそれと変わりはなかった（図3-10）。割引は引き続き低水準で推移し，買入手形は通常の季節的パターン通り年初に流出し，その後は不規則な変動を繰り返した。連邦準備制度の政府証券保有はほとんど変化がなかった。その結果，連邦準備信用はより一層減少し，総じて連邦準備制度は1930年におけるよりも不活発であった。金ストックは一段と加速した割合で流入したが，連邦準備制度は引き続きそれを不退化した（図3-11）。従ってハイパワード・マネーも1930年と同じパターンで減少した。なお1931年9月21日におけるイギリスの金本位制離脱前後のハイパワード・マネーと諸金利の動向については，当時の金融政策の展開と併せて後述する。

前節でハイパワード・マネーの減少を連邦準備政策との関係からどう捉え

図 3-14 CP レート，ニューヨーク連銀割引率

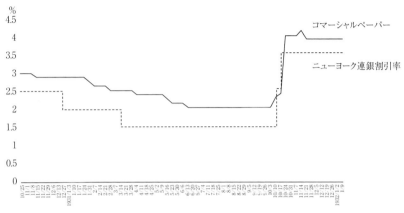

（出所）*Banking and Monetary Statistics,* p.441, pp.456-457.

るかは難しい問題である，と指摘した。というのもハイパワード・マネーおよびマネーストックが減少する，あるいはそれらの増加率が鈍化する不況期には利子率が低下するという事態が生ずるからである。図 3-14 は利子率の推移を示しているが，1931 年第 1，第 2 四半期には利子率はさらに低下し，やはり状況は 1930 年の期間と同じである。しかしこの利子率の低下が金融緩和を意味しないことは上述の説明から明らかである。当時の金融情勢の下で連邦準備制度に必要だった政策は，利子率の低下を導く政策ではなく，銀行制度に十分な準備を供給する政策であった。それにもかかわらず，連邦準備当局者は，企業の運転資金の低迷によって短期の民間資金需要が減少し，極端な低金利を生み出していた「信用情勢」と，流動性不足に苦しむ銀行がその資産を清算し，銀行制度全体の流動性問題をさらに悪化させていた「銀行業情勢」とを十分に峻別せず，その政策的な考慮を圧倒的に信用情勢に置いたために，適切な政策を追求できなかった。以下では，その経緯を，連邦準備政策の意思決定過程に関する検証の論考で明らかにしていきたい。

金融政策の展開

　1930年9月24日-25日の公開市場政策会議で実行委員会に認可された，「利子率を現状に維持する目的で，手形購入を補完する必要がある場合には，1億ドルを越えない範囲で政府証券を購入あるいは売却する権限」を全く行使しないまま，実行委員会は12月20日に会合を持った。

　この時までに米国各地で銀行取り付けが相次ぎ，ニューヨーク市でもそれは例外ではなかった。すでに12月11日に合衆国銀行はその扉を閉ざしていた。このような状況で連邦準備制度はそう目立った活動をとらなかった。合衆国銀行の破産後にニューヨーク市のいくつかの銀行は取り付けにあい，それを救済するためにニューヨーク連銀は二つの加盟銀行から自行の投資勘定で4,500万ドルの政府証券を購入した。同じような状況で，サンフランシスコ連銀も自行の投資勘定で750万ドルの政府証券を購入した。連邦準備制度による政府証券購入はこれだけであり，実行委員会は1億ドルの購入権限を持っていたにもかかわらず買いオペを実施せず，制度特別投資勘定での政府証券保有を一定に維持した[3]。また各連銀は割引率の引き下げにも積極的ではなく，ニューヨーク連銀は1930年6月に引き下げた2½％の水準を，他の大部分の連銀は3½％の水準を保っていた。12月24日，ようやくニューヨーク連銀は，「利率引き下げは公衆に対して，貨幣は自由に入手できることを述べる方法として役立つ」[4]という理由で，割引率を2％へ引き下げた。同時に1930年6月21日以降全く変更されなかった手形買入率も2％から1¾％に引き下げた。このように連邦準備制度は，公衆の銀行不安が原因で混乱していた銀行業情勢に鈍い反応を示した。

　その結果，諸銀行は準備流出の生ずる可能性に直面した。12月20日の実行委員会に用意された資料はこの点を次のように記している。「いくつかの銀行がその状態をより流動的にするために証券を投げ売ったので，証券市場で圧力が非常に増大し」，それによる債券価格の低下で「若干のケースでは資本損失を引き起こしたように，多くの銀行の投資ポートフォリオはかなり減価した」。また「債券市場は新規発行に対して完全に閉ざされてしまった」

とも述べていた[5]。この先，銀行制度が抱えることになる，流動性問題を媒介にした債券市場の弱体化と銀行業困難との連鎖の過程を，この資料は暗示していた。

　この日の実行委員会は，年末の通貨需要にどのように対処するかを協議する目的で招集された。会議に出席していた東部5連銀の総裁らは，一連の銀行破産で公衆心理は金融逼迫のどの兆候にも過敏になっていることに懸念を表明した。そこでハリソン・ニューヨーク連銀総裁は，年末の通貨需要を満たすのに十分な銀行引受手形が連銀に差し出されない事態に備えて，政府証券購入を用意すべきであるとの提案を行った。それを受けて実行委員会は，依然として有効である1億ドルまでの政府証券購入の権限をニューヨーク連銀に委譲し，「購入はニューヨーク連銀の判断にまかせるものとする」ということに合意した[6]。

　この権限の下，ニューヨーク連銀は12月30日と31日の両日に3,300万ドルの政府証券を購入した。しかし，これを含めて1930年12月に連邦準備制度が購入した政府証券（買い戻し契約による諸連銀の購入3,200万ドルを含めると総額1億1,800万ドル）は通常の季節的パターンに従って翌1931年1月にすべて売却された[7]。従って連邦準備制度の政府証券保有は再び1930年秋の水準に戻ってしまった。結局12月の購入は一時的な緊急購入に終わり，一般的な金融緩和政策の再開に繋がるものではなかった。それどころか，大部分の連銀総裁はこの季節的パターンでの証券売却だけでは満足せず，さらなる売却を考慮していたことが，1931年1月21日に招集された公開市場政策会議で明らかになった。1930年9月25日の連邦準備局と連銀総裁らとの合同会合で，メイヤー準備局総裁は，連銀総裁らに一般的な金融緩和政策に対する配慮があるのかどうかの懸念を表明したが，この懸念は現実のものとなった。

　銀行破産が多発した1930年末期以前には加盟銀行は過剰準備をほとんど保有せず，その額は取るに足らなかったが，既述の通り1931年1月に初めて1億ドル以上の過剰準備を保有するようになった。もちろんこれは，先の

資料が「銀行がその状態をより流動的にするために」と示しているように，銀行側での流動性強化の現れである。だが連銀総裁らは，銀行破産が多発した期間にも短期利子率，例えばコマーシャルペーパーの利子率は1930年10月の3％から1931年1月の2.88％へと引き続き低下していったので，この過剰準備の発生を金融緩和が行き過ぎた証拠とみなした。

　1931年1月21日に公開市場政策会議が招集された際に，まずコーキンズ・サンフランシスコ連銀総裁が，「政府証券売却によって貨幣市場のあまりにも締まりのない状態を矯正するよう試みてはどうか」という提案を行った[8]。それを受けて，マクドゥガル・シカゴ連銀総裁は次の動議を提出した。「政策会議の意見では，売却は急速にではなく通常のやり方で行われるべきであるという条件で，過度の混乱なしにそれを行えるのであれば，現在は公開市場ポートフォリオから政府証券を取り除くのに都合のよい時期である」。具体的な額について，彼は1億ドルを考えていた。セイ・リッチモンド連銀総裁は，むしろ2億ドルの売却を考慮していた。ハリソンは，このような政策を実行する場合，「債券市場に対する効果に重大な考慮が払われるべきである」と論評し，手形買入率の引き下げによって，「手形窓口が必要とされる貨幣を市場に提供するために開かれていない限り，政府証券売却に賛成しない」と述べた。この彼の見解は，政府証券売却を，必要な場合には手形購入で相殺しようとするものであり，ハリソン自身はどちらかといえば一層の金融緩和には消極的であった。このあと見ていくように，ハリソンは1930年の期間と比べて1931年に入ってからは買いオペ政策にそれほど積極的ではなかった。その後，政策会議はマクドゥガルの動議を検討し，売却額を議論したが，その金額について意見の一致をみなかった。最終的に連銀総裁らは，採択される決議には特定の売却額よりも一般的な政策声明が必要であるということに同意し，ブラック・アトランタ連銀総裁による次の修正動議を満場一致で採択した。

　（前略）政策会議は現在の景気および信用情勢を慎重に検討した。政策会議の意見では，

これらの情勢を鑑み，また通商への最善を図って，金融緩和政策を継続するのが準備制度の政策であってしかるべきである。しかしながら通貨および信用の季節的還流と他の諸要因とが，最近数週間に主要貨幣センターにおいて過度の資金過剰に寄与する傾向にあった，と政策会議は考える。それゆえに，現状において金融状態を混乱あるいは [過度に（＊）] 逼迫させることなく，準備制度の政府証券のいくらかを処分する好機が与えられる場合には，それを実行するのが望ましいであろう，というのが政策会議の意見である。

（＊）この言葉は後に削除される

この後に開催された政策会議と連邦準備局との合同会合で，メイヤー総裁とミラー委員は前回 1930 年 9 月 25 日の会合時と同様，再びこの会議決定を批判した。

メイヤー総裁は，連銀総裁らが政策会議でそれほど議論しなかった銀行業情勢に次の懸念を表明した。「銀行業情勢が目下のところ考慮すべき第一の事柄であり，政府証券の清算に関するどの提案も，諸銀行は支払義務のある手形を［報告書に］示すのを現在では並みはずれて嫌悪していることを考慮に入れるべきである。」これは，準備制度による政府証券の清算，つまり売却が第 2 章で明らかにしたシザース効果を通して諸銀行に連銀借入をもたらし，そして諸銀行は銀行情勢が不安定な下でこの借入を決算書に記載することを嫌悪している点を述べたものである。従って，諸銀行がこれを回避しようとすれば，銀行信用のより一層の収縮が起こることを不安視したものである。さらに彼は次のように言葉を続けた。「［買入］手形と割引の減少は重大な政策の開始を意味しないが，政府証券の売却は一般的には連邦準備政策の重大な動きと解釈される。（中略）準備制度はこの一年間，デフレ的政策を追求してきたと非難されており，この時点で政府証券を売却することは攻撃を招きそうである。この状況においては，政策の重大な変更を行う必要のない時にそれを示すような行動を避けるのが最も望ましいであろう。」ミラーも同意見であり，「銀行業情勢は信用情勢より重要であり，計画は万策をもっ

てどの銀行をも苦しめないように展開されるべきである」との見解を示した。

　この両者の批判に対してハリソンは，「ここにいる何人かは精力的な証券売却に賛成する一方，他の者はいくらかの緩みを吸収するのに必要となるかもしれない適度な売却に限って賛成したので，政策会議の決議は妥協を意味する。」と答えた。そして私見として，証券売却による資金吸収に対して手形購入が資金不足の安全弁として作用するように，手形買入率がその市場利子率付近になければ，適度な売却計画にも不満である，と述べた。他のほとんどの連銀総裁らは売りオペ提案を強行に擁護し，メイヤー総裁に促された翻意に動じなかった。彼らが行ったことといえば，上の決議文にある「過度に」という言葉を削除するだけのことであった。

　しかし実際には，翌1931年4月29日の公開市場政策会議までに，売りオペは実施されなかった。その理由の一つとして，退蔵目的での通貨が流通に残り1月の会合時に予想されたほど銀行制度への通貨還流が進まなかったことがある。そのため銀行制度に通貨が還流した場合にはその吸収に必要だった政府証券売却は不要となった。今一つの理由として，1930年末に購入した手形が満期を迎えた一方で，連銀への新規の手形オファーが減ったので，この分の連邦準備信用の減少によって銀行制度の過剰準備が一時的に吸収されたことがある。

　昨年6月の実行委員会を最後にその後ハリソンは政策会議に買いオペ提案を行わなかったが，1931年4月29日の会合では，彼は主に金問題を中心とした議長報告を行い，その中で緩和活動の再開を擁護し，そして再び政府証券購入計画を提案した。

　この報告の冒頭で，ハリソンは1929年10月のニューヨーク株式市場崩壊からこの時までの連邦準備制度の公開市場政策を次のように概括した[9]。

　　連邦準備制度の政府証券保有は目下のところ総額6億200万ドルであり，これは年末にかけて合計1億ドル余りに達した一時的な増加および減少を除くと，1930年8月以降に維持された数値とほぼ同一である。(中略) 大筋で言えば，1929年秋の株式市場瓦解以降

の連邦準備制度の公開市場計画は，1928年と1929年に貨幣市場と加盟銀行に相当の圧力を課すように計画された諸政策の急速な反転からなった。これらの諸政策には1927年12月から1929年10月までの間の約4億5,000万ドルの証券保有の減少が含まれていた。1929年10月と1930年8月までの間の操作はきっちりと反転され，4億5,000万ドルの証券が購入されて総額をおよそ6億ドルに再び戻した。

　この期間に着手された公開市場操作は，それによって景気あるいは資金調達が活発に刺激されようという考えからではなく，むしろ1928年と1929年に，すなわちインフレーションと拡張の期間に市場に課した圧力を，反動と不況の期間に取り除こうという考えから追求されたと述べることは正当である。このように準備制度は，貨幣市場のより正常な機能の回復に対する障害を除去することに着手したに過ぎなかった。

　次いでハリソンは1930年初めから1931年4月までの国内外の経済・金融情勢の展開を概括し，今後の公開市場政策を計画するうえで考慮しなければならない問題として，債券市場状態，銀行業情勢そして金動向を挙げた。

　まず，債券市場状態について，「現在ですら，外国発行物のための，あるいはその信用に関して何らかの問題が生じる可能性が浮かび上がってきている諸会社の証券のための市場は事実上，存在していない」，「最高級の債券は近年におけるその最高額ないしはその付近で販売されているが，他のすべての種類の債券は実際には減価し続けており，広範な市場の外部にある」と説明した。このような市場状態ゆえに外債はもとより国内社債の新規発行が大きく制限されていることに，彼は懸念を表明した。

　第二の問題である銀行業情勢について，「最近の銀行検査に関する報告を受け取るにつれて，銀行の証券減価と貸付損失の程度が明らかとなってきており，多くの機関で資本はこれらの損失によってひどく傷ついた」と報告した。そして「これ以上の金融緩和政策は必然的に加盟銀行の収益資産側の，とりわけ都市銀行によって大部分保有されている短期政府証券と手形の利子収入を減少させがちにしよう。他方，小さな程度であっても，より優れた債券市場の回復に向けて影響を及ぼすであろうどの政策も，国全体の多数の銀

行を大きな程度で救済するであろう」という見解を示した。

　最後にこの報告で最大に強調された金動向について，債券市場の弱体化から外国の米国資本市場での資金調達が停止し，輸出超過国の米国が世界貿易に対するドル供給を減少させたために，「この国が望んではおらず，他の諸国が失うことができない金を受け取った」にもかかわらず，米国ではその金が不胎化されているという事実に言及した。

　　外国のコメンテーターはとりわけ米国の金融政策に批判的である。なぜならば，われわれのところに届いた金は活用へと至る道を見出していないからである。過去15カ月間における約4億ドルの金輸入には，金に基づく正常な信用拡張の割合ではおそらく40億ドルの信用拡張を示したであろうが，実際には加盟報告銀行の貸付・投資の総額が増大しなかったこと，そして地方銀行の貸付がかなり清算されたことが伴った。というのも，この国へ流入した金は，加盟銀行によって一つのあるいは別の一つの形態にある連邦準備信用を返済するために利用されたからであり，その結果，この期間に連邦準備信用の総額は金輸入に等しい額だけ減少した。従って米国はここにやって来た金の通常の，あるいは正常な効果を妨げたと言われよう。

　他方で，金輸入を銀行信用の拡張へと機能させるのには，現在ではかなりの困難が伴うことも，ハリソンは指摘した。短期商業信用の増大についていえば，それに必要な需要が借手側にないこと，長期信用の増大についていえば，それに必要な銀行投資が最近の証券損失を被った銀行業情勢からはそう多くを期待できないこと等である。それでも，「世界に対する金不胎化の弊害は，より多くの連邦準備信用を機能させるように，あるいは準備制度の収益資産の一層の低下を回避させるように，連邦準備の公開市場政策について注意深い吟味を望ましくするぐらいに重大である」と述べた。さらに「金融状態は最近数カ月のうちに過度に緩和されたと一般的に言われているが，そして実際に貨幣諸利率は非常に低い水準となったが，数カ月間に渡って市場で利用されるために流出した連邦準備資金の一貫した余剰は存在してきては

いない」と論じ、そのうえで「金輸入が準備制度の総収益資産の減少によって今まで通り無効にされるよりも、むしろ信用状態にその影響が及ぶのが可能となる措置を考慮するのが望ましいようである」と結論して、この報告全体を結んだ。

そこでハリソンはこの4月29日の政策会議で、金不胎化を是正するために、また短期資金の長期投資への活用を促進させるために、1億ドルの買いオペ提案を行った[10]。ただし、それには条件がついた。第一には手形買入率の引き下げによって、第二には割引率の引き下げによって金融緩和を試みた後に、最後の手段として必要な場合には政府証券を購入する、というものであった。

この三つの措置からなる緩和計画は、会議に出席していた連銀総裁らの間で大筋で合意された。ほとんどの総裁は、市場利子率のこれ以上の低下には反対であったし、連邦準備制度の政策を引き締めへと反転させる必要が生じた場合に、この計画の実施によってそれが遅らされる可能性を不安視して緩和計画に気乗りではなかった。だが、金不胎化は矯正されるべきであると考えた。

前章で論じたように、そもそも準備制度による1920年代期の金不胎化政策は、米国への大量の金流入によって引き起こされかねないインフレーションを回避するために採用された政策なので、この時期のデフレーションを阻止するために不胎化政策を放棄することは全く妥当であった。しかし、タレー・ダラス連銀総裁とヤング・ボストン連銀総裁二人のみが、金不胎化は1920年代を通しての連邦準備制度の金政策だったので、その継続に不都合を感じてはいなかった。タレーは、この時点で割引は実際的には最低限にあり、買入手形の連邦準備制度保有も1億8,000万ドルに過ぎなかったので、「もし金がその地点を越えて流入するのであれば、それは間違いなく国の信用構造の中に自己表現するであろう」と主張した。ヤング総裁は翌6月22日の実行委員会で、「不胎化は連邦準備制度の機能の下では自然であり、必然的であったし、現在でもそうであると考えている」と論じた[11]。この

ような異論はあったが，ともあれ政策会議は，「実行委員会に対して，必要あるいは得策と思われる場合には，1億ドルまで政府証券を購入する権限を与えるものとする」という決議を満場一致で採択した。

すでに述べたように，この緩和計画が合意された1931年4月末は国内景気に改善の兆しがあったので，その実施にとってまたとない好機であった。しかしハリソンが提案した1億ドルの買いオペ規模は，景気回復を牽引するにはあまりにも小さかった。さらに緩和計画の最終手段として政府証券購入が提案されたため，実際の購入は6月22日の実行委員会開催まで待たなければならなかった。この間に銀行破産は再び本格化してしまった。従って，この間の相当規模の買いオペは，銀行破産の再発を防止できたかもしれず，仮に完全には防止できなかったとしても，その後の金融情勢の悪化をかなり軽減できたはずである。実際の成り行きは金融情勢の一層の悪化であり，そしてこの悪化とともにこの時期の景気回復への期待は消散した。

6月22日に実行委員会が招集されるまでに，他の二つの緩和措置はほぼ計画通り実施された。5月8日，ニューヨーク連銀は割引率を2％から1½％へ引き下げ，他の連銀9行も½％ポイントの引き下げを実施した。手形買入率も5月19日までに1½％から1％へと引き下げられた。しかしながら，利率引き下げは4月29日の緩和計画の目的，つまり金ストックの信用拡張効果を有効に機能させるという目的を果たさなかった。1931年4月末から6月第2週までに金ストックは8,200万ドル増大したのに対して，連邦準備信用にネットでの変化はなかった。この点から言えば，たしかに金輸入は連邦準備信用の減少で相殺されず金は不胎化されなかった。しかし，金ストックの増大は6月における銀行破産の再発に伴う通貨需要の増加にすべて吸収され，銀行信用の拡張のベースにはならなかった。従って，金ストックを有効に機能させるためには，通貨需要の増大を完全に満たすだけの連邦準備信用の増大が必要だったのであり，4月の計画に盛り込まれた1億ドルの政府証券購入がこの間に実施されてしかるべきであった。

しかも5月にはオーストリア最大の銀行であるクレジット・アンシュタル

トが破綻し，その影響はヨーロッパ全土に伝播しつつあった。この2，3カ月のうちに多くの諸国に金本位制度からの離脱を導くことになる国際金融危機は，すでにウィーンで始まっていた。連邦準備制度は1931年9月21日にイギリスが金本位制度を離脱するまでの間に表3-5に示される国際借款を

表3-5　国際借款と連邦準備制度参加額

供与日	信用総額	連銀の参加額	連銀参加額のうち利用された金額	約定手数料	約定金利
			第一次オーストリア		
5月30日	100,000,000シリング（$14,070,000）	7,700,000シリング（$1,083,000）	7,700,000シリング	1/4%	オーストリア銀行の割引率に1/4%上乗せ，ただし5 1/4%を下限とする。
			第二次オーストリア		
6月23日	100,000,000シリング（$14,070,000）	8,225,000シリング（$1,157,000）	ゼロ	1/4%	オーストリア銀行の割引率
			第一次ハンガリー		
6月19日6月22日	$10,000,000$5,000,000	2,000,000	2,000,000	ゼロ	ハンガリー銀行の割引率
			第二次ハンガリー		
7月8日	$10,000,000	3,000,000	3,000,000	1/4%	ハンガリー銀行の割引率
			ライヒスバンク		
6月26日7月16日に満期，8月6日まで更新11月4日まで再更新	$100,000,000	25,000,000	25,000,000	最初の信用と第一次更新については1ミルにつき1/2，第二次更新については1ミルにつき2と1/4	最初の信用と第一次更新についてはライヒスバンク割引率，第二次更新についてはライヒスバンク割引率もしくは10%のどちらか低い方
			国際決済銀行		
7月30日	$10,000,000要求払い預金ドル為替手形あるいは外国通貨為替手形を都合よく利用できるように時々において，これらを10,000,000ドルまで購入するのがB.I.Sの意図である	10,000,000	10,000,000	ゼロ	現在1 3/4%であるB.I.S要求払い預金金利
			イングランド銀行		
8月1日	$250,000,000	125,000,000	125,000,000	1/16%	3 3/8%

(出所) Minutes of the Meeting of the Open Market Policy Conference, August 11, 1931.

実施し,ヨーロッパの金融不安の沈静に助力した。しかし,ハリソンが指摘していたように,信用供与は破れた状況を粘着させる手段に過ぎず,状況の根本的な解決手段にはならなかった。世界的な資本移動が停止したこの時期に,ヨーロッパの信用不安を根本的に解決するには,米国の購買力の増大と国内物価上昇を通した自国の経常収支黒字の縮小,それによる他の諸国の経常収支赤字の改善が必要であった。しかし連邦準備制度は,世界経済に対する金不胎化の弊害を口にしただけで,依然として不胎化を継続しデフレ政策を追求した。そのため,国内物価の上昇が妨げられたばかりではなく,金を失った諸国に対して,さらなる金流出を阻止するためのデフレ政策の採用を否応なしに強いる結果となってしまった[12]。

　6月22日の実行委員会でハリソンは,ヨーロッパ諸国におけるモラトリアムと南米諸国におけるデフォルトに言及し,「この2週間の出来事は,いくつかの点で世界が大戦以降に経験した最大の危機である」という認識を示した。そのうえで5,000万ドルの政府証券購入を提案した[13]。この会合からファンチャー・クリーブランド連銀総裁に代わって実行委員会メンバーとなったブラック・アトランタ連銀総裁のみが,ハリソンの買いオペ提案を強く支持した。彼は,「手形市場を通した第一の矯正法は尽きてしまったようである。残された矯正法は政府証券を購入することであり,肯定された政策を当然,継続するものとして行われるべきである」と主張した。他の実行委員会のメンバーは相変わらず買いオペ政策に懐疑的であった。その理由も,国内外の金融情勢がこのように悪化していたにもかかわらず,「金融がすでに十分に緩和されている時に,それをさらに緩和する措置を採っていると,準備制度は批判されないか」,あるいは「より多くの信用を,すでに市場に過度に供給されている現在において流出させることが望ましいのであろうか」といった,これまでの会合での反対理由と全く変わりがなかった。

　それでも4月29日の公開市場政策会議で実行委員会には1億ドルまでの政府証券購入の権限が与えられていたので,最終的には実行委員会はハリソンの提案した5,000万ドルの政府証券購入を3対1の賛成で是認した。ハリ

ソンとブラックは賛成し，ヤング・ボストン連銀総裁は反対し，ノリス・フィラデルフィア連銀総裁は投票を棄権したが，緩和活動に否定的であったマクドゥガル・シカゴ連銀総裁が，6月20日のフーバー大統領による政府間債務の1年間の全額支払猶予の提案，いわゆるフーバー・モラトリアムを連邦準備制度が支持していることを公衆に伝える必要があると考え，購入支持にまわったので，かろうじてハリソンの買いオペ提案は合意された。会合に出席していたマイヤー連邦準備局総裁は，「連邦準備局は5,000万ドルよりも多額の購入計画のほうを高く評価するであろう」と述べて，より大規模な買いオペ政策を擁護する立場を明らかにした。そして実行委員会が勧告した購入額が小さかったことに失望を表明した。

　実行委員会は7月15日までに，この5,000万ドルの他に，4月29日の政策会議で実行委員会に認可された購入権限が1億ドルであることからもう3,000万ドルの追加購入を取り決め，計8,000万ドルの政府証券を購入した[14]。

　そのあと8月4日に招集された実行委員会では，買いオペ政策の継続について再び見解の相違が生じた。ハリソンは，「いま世界は，社会的，経済的そして政治的危機の最中にあるということを認めるならば，連邦準備制度は何を行うことができるのかが問題である。政府証券購入によって世界物価の上昇を促進できるのであれば，明らかにそれはなされるべきである」と述べ，実行委員会メンバーに買いオペの実施を求めた[15]。マクドゥガル総裁の代理としてこの会合に出席していたマッケイ・シカゴ連銀副総裁のこれに対する次の反論は，銀行制度の流動性問題に対する認識，およびそれへの対処法の誤りを浮き立たせていた。

　国外でのいかなる不安も，この国で諸銀行からの預金引き出しをもたらすかもしれない。このような環境下では，政府証券が借入のベースとして，また連邦準備券の発行のベースとして利用できるように，準備制度よりもむしろ加盟銀行が政府証券を保有していたほうがよいであろう。（中略）利子率は非常に低く，多くの銀行はすでに収入不足に苦しんでおり，その配当を切り詰めなければならないであろうから，政府証券購入は状況を救わず

むしろ害するであろう．

　ここで彼が，「政府証券が借入のベースとして利用できるように」と述べた意味は，第1章で論じたように流動性不足に陥った加盟銀行が連銀借入を必要とした場合に，政府証券を担保とした約束手形が利用できるという点を指している．そして，加盟銀行にこのような方法で政府証券の活用を望むことは，連邦準備制度は銀行の流動性問題を，買いオペによる能動的なハイパワード・マネーの供給によるのではなく，割引窓口を通した受動的なその供給によって対処すべきである，と主張しているのに等しい．「政府証券が連邦準備券の発行のベースとして利用できるように」というのは，政府証券が上記のように銀行振出の約束手形の借入担保として加盟銀行に利用される限り，政府証券は発券担保として活用できるという意味である．従って，これは第1章で論じた自由金問題への間接的な言及である．連邦準備制度が購入した政府証券は連邦準備券の発券担保にならないが，加盟銀行が振り出す政府証券担保の約束手形はその発券担保になるので「加盟銀行がそれを保有していたほうがよい」と，マッケイは主張したのである．しかし，この時点で連邦準備制度の発券能力の低下を懸念するのは時期尚早であった．低金利で「銀行が収入不足に苦しんでいる」とし，これが銀行業困難の一因であり，政府証券購入はそれをさらに悪化させるという考えは，全くの誤りである．この会合に出席していたマイヤー連邦準備局総裁が，「諸銀行の損失は所得勘定に対してよりも主に資本勘定に対して発生しているので，政府証券購入は資産元本の価値を改善し，諸銀行の損失を防止する点で，諸銀行の所得を改善するためになされうるであろう，どのような手段より増して効果的な処置である」と指摘したように．

　以上のマッケイ・シカゴ連銀副総裁の流動性問題および銀行業問題に対する認識，すなわち連邦準備制度はその発券能力を強固にしておくべきであり，流動性を必要とする加盟銀行は連銀の割引便宜を利用すべきであり，異常な低金利は銀行の利子収入を減少させ銀行業の困難を増進させる，という認識

は，ほとんどの連銀総裁らに共通するものであった。この時期，似たような発言が，他の連銀総裁らによって繰り返し行われていた。

この日の実行委員会で，メイヤー連邦準備局総裁は，「準備制度はその政策をより精力的に試みてきたというほどには，その権限内であらゆることを行ってきたと言われうるのかどうか疑問である」と述べ，ハリソンと同様買いオペを急き立てた。だが，実行委員会が決定したことといえば，政府証券購入の必要性を議論するために，1週間後の8月11日に連銀総裁全体会議を開催するというものであった。

実行委員会は購入勧告を行わなかったが，ニューヨーク連銀はこの会合が開催された8月4日から11日までの1週間内に自行の投資勘定で5,000万ドルの政府証券を購入した。しかしそれは，フランス銀行が保有する財務省手形および銀行引受手形を市場売却し，受け取った資金を順次ニューヨーク連銀に開設してある預金勘定に移していたことから，この市場逼迫要因を相殺するためであった16)（前掲図3-12のその他合計が7月から8月にかけて増加しているのは，主にこの非加盟預金の増加による）。よって現状維持を目的とした購入であった。

予定通り8月11日に公開市場政策会議は招集された。会議に用意された資料は，国内外の経済・金融情勢の進展を概括した後に，世界の危機的状況を次のように伝えていた。「現在では予期されない何らかの展開が生じ，この情勢を変えない限り，いまや，この国および他の諸国では，厳しい失業と困窮の冬が予想されねばならないようである。この情勢は，あらゆる適切な矯正策の考慮を正当化するのに十分なほど深刻である」。そして，第1章第3節の「連邦準備法の硬直性」で述べたように，資料は矯正策として政府証券購入を考慮する場合，連邦準備制度の保有する自由金の量が問題になるが，この時点で自由金に不足はないという点にも言及していた17)。

会議の冒頭でハリソンは次の現状認識を示した18)。「全世界を取り巻く継続的な信頼不足，恐怖および不安状態，そして商品価格の持続的下落は，多くの海外諸国と，われわれ自国のある地区で，破産が近づきつつあるという

状態を引き起こしている。というのも，これらの諸国と地区ではその固定債務費用を支払えないからである。この状況下では，次の二つのうちの一つが，どうしても生ずることが必要となる。すなわち，商品価格が上昇しなければならないか，あるいは多くの場合に債務不履行もしくは遅延を含めて債務構造が再編されなければならないかである。銀行信用は様々な状況を一時的に継ぎ接ぎするのに役立つかもしれないが，根本的な困難を矯正しえない。この状況に好ましい影響を及ぼす手段として，現在，連邦準備制度に開かれていると思われる唯一実行可能な追加的措置は，政府証券購入である」。そして彼は，いくつかの連銀はわずかな自由金しか保有していないことを考慮して，会議で決定すべき問題は各連銀が政府証券購入に参加するかどうかではなく，連邦準備制度全体として政府証券購入を実施すべきか否かであるということを，連銀総裁らに訴えた。そのうえで，「実行委員会に3億ドルまで政府証券を購入する権限を与えるものとする」という提案を行った。

　しかし，このような厳しい現状認識を示して買いオペ提案を行ったハリソンには，それを即座に実施する意図はなかった。銀行の態度があまりにも弱気のため，買いオペによって発生する過剰準備が活用されるかどうかに，彼は疑問を持っていた。過剰準備に関するハリソンの見解はこの時期，一貫していなかった。例えば，現在の金融的困難は銀行が利子率とは無関係に資金の活用を躊躇している点にあるのではないかという，政策会議のあるメンバーの発言に対して，「過剰準備の圧力は遅かれ早かれ憶病に打ち勝つ傾向がある」と述べる一方で，このような銀行の流動性に対する過度の欲求が「われわれの金融緩和政策が効果的にならない一つの理由である」と語っていたし，「少なくとも過剰準備の活用に関して，主要加盟銀行との間で非公式の了解がなければ，政府証券購入を迷うであろう」とも述べていた。この8月11日の政策会議で3億ドルの買いオペ提案を行ったのも，積極的に購入を実施するという考えからではなく，銀行が過剰準備を活用する見込みがある場合には，連邦準備制度は政府証券購入を躊躇してはならず，そのために実行委員会は相当規模の購入権限を持っておくべきである，という考えか

らであった。

　再び大多数の連銀総裁らは，ハリソンの買いオペ提案に否定的に対応した。サンフランシスコ，リッチモンド，ミネアポリス，セントルイス，フィラデルフィアの各連銀総裁は自由金不足を理由に購入に反対した。ブラック・アトランタ連銀総裁を除く他の連銀代表らも，連邦準備制度の発券能力の固持を主張して反対した。

　そこでファンチャー・クリーブランド連銀総裁が，政府証券の追加購入を正当とする理由はないが，予期せぬ事態が生じた場合に，実行委員会が何の権限も持たずにいるのは賢明ではないと考え，ハリソンの3億ドルの購入提案に対して，「1億ドルまで政府証券を購入もしくは売却する権限を実行委員会に与えるものとする」という代替案を提出した。4月29日の政策会議で実行委員会に与えられた購入権限が1億ドルであったが，この権限の下で8,000万ドルの購入しか実施されなかったので，この代替案の1億ドルは1億2,000万ドルに修正された。ハリソンとファンチャーの提案のいずれを正式動議とするかを決定する票決で，ハリソンといかなる政府証券購入にも反対であったヤング・ボストン連銀総裁を除く全連銀の代表がファンチャーの提案を支持した。この動議に不満であったハリソンは，政策会議がこれを決議として採択するに当たっての最終的な票決では，この時期に実行委員会が何の権限も持たずにいるのは得策ではないと判断したために賛成票を投じた。ヤングは，「どちらかと言えば，買入手形と割引手形からなる連邦準備制度のポートフォリオを考えたく，二つの重要な機能が政府証券操作によって無効にされるのを見るのは残念である」とし，最終的な票決でも反対票を投じた。こうして，ファンチャーによる，実行委員会に対する1億2,000万ドルの政府証券購入もしくは売却の権限授与の提案は，ヤングを除く全連銀代表の賛成によって是認された。

　その後の連邦準備局と政策会議との合同会議で，メイヤー連邦準備局総裁をはじめとする準備局委員らはこの決議に対して，「実行可能な購入を，効果を持たない量へと制限した」と失望を表明した。ミラーは，「動揺を引き

起こすといけないからといって沈滞した水準で貨幣市場を現状維持する政策が，適切な根本原理を備えているとは思わない」，「たとえそのような［買いオペ］政策の有効性の限界を示すのに役立つだけであるとしても，もしその大胆で，実験的な活用がかつてあったとしたならば，その状況は現時点である」と主張し，消極的な政策しか採用しない政策会議を批判した。勧告された購入量が小さかったことと公開市場政策の決定手続きとに不満を持っていたメイヤー総裁は，「準備局には政策会議の見解が完全に伝わっているとは思わない」とし，政策会議による決議採択後における準備局とそれとの合同会合に先立って，政策会議の開始時点でも準備局との合同会合を開催する旨を政策会議に申し出た。政策会議はこれを承諾した。

連邦準備局調査統計部の最高責任者として各合同会合に出席していたゴールデンワイザーは，メイヤー総裁がこのような不満を述べた背景を次のように記録している。

多かれ少なかれ，その重役会の指図の下にいるこの会議のメンバーらは，明らかに積極的な緩和活動に反対であり，およそ準備制度が積極的な緩和を行えうるというよりもむしろ逼迫的な効力を相殺できうるという意味で，この妥協案に同意した。ヤングは緩和計画に反対し，この時期に諸銀行に貨幣を押しつけることはよくないであろうという理由から，妥協案に反対票を投じた。メイヤーは明らかに失望し，総裁らはあまりにも彼らの重役会の影響下にありすぎ，実質的には指図を受けた代表者であるという事実から，妥協案を非難したい気持ちになっていた。(中略)

3名の副総裁が出席していた。ワシントン，マッケイそしてギルバート。コーキンズとファンチャーは，準備局が入室する前に退席してしまった。それでもやはり，この会合は散会されてしまっているかのようには見えず，あたかもそれは，ある程度まで，たいして重要ではない人たちによって代表されているかのようであった。メイヤーが手続きに異議を唱えた肝要な点は，この状況によって与えられた[19]。

ちなみに，ゴールデンワイザーがここで言う妥協案を政策会議に提出した

のはファンチャー・クリーブランド連銀総裁であることは述べたが，それを正式動議にする提案を行ったのはコーキンズ・サンフランシスコ連銀総裁である。この二人が準備局との合同会議を欠席した。フリードマン＝シュワルツは，公開市場政策会議のメンバーらを国家的な責任の感覚におよそ欠しかった人物と評したが[20]，国内外の危機的状況に直面していたこの1931年8月11日の，ゴールデンワイザーが記録した会合の様子からみて，彼らの評価は全く妥当のようである。

結局，連邦準備局は実行委員会に対する1億2,000万ドルの購入権限は認可したが，同額の売却権限は認めなかった。そして実行委員会は1億2,000万ドルの購入権限すら全く行使しなかった。

そうこうする間に5月のオーストリアの金融不安の影響はヨーロッパ全土に広がっていた。オーストリアに隣接する中央ヨーロッパ諸国の銀行から外資の引き揚げが相次ぐと，各国政府は資金流出を回避するために厳しい外国為替統制を実施した。それにより外国資産は凍結された。ドイツが同様の経過をたどると，外国為替の安全にますます不安を持った債権者らは外国資金の引き揚げを加速させた。その動きはイギリスに向かい，7月中旬以降にロンドン市場でポンド為替の売却が殺到し，イギリスから金が流出した。8月に入りイングランド銀行は米国とフランスからの借款（前掲表3－5参照）を利用してポンドを買い支え，一旦は金流出を食い止めたが，結局ポンドの売り圧力に抗しきれなくなった。そして借款が使い果たされた翌9月21日，イギリスはポンドの金兌換を停止して金本位制度を離脱した[21]。これによりフロート化したポンドは切り下がり，ポンド為替の保有者は巨額の損失を被ることになった。

イギリスの金本位制離脱後にドル取り付けが生じた。ドル為替の保有者は米国がイギリスと同様に金本位制度を離脱するのではないかと考え，それによって為替損失を被るのを恐れた。このような状況でドルは金と交換され，こうして米国は9月16日に始まる週から10月28日までに7億2,700万ドルの金を失った（以下，ハイパワード・マネー等の動向については，前掲

図 3-10〜図 3-13 参照)。他方，ドル取り付けに先立って，国内では 8 月から銀行取り付けが激増し，7 月 29 日から 10 月 28 日までに流通通貨は 7 億 100 万ドル増大した。従って諸銀行はこの間，対外的には金流出によって，国内的には通貨流出によって，その準備が減少していく事態に直面した。

11 月 30 日の公開市場政策会議に用意された資料は，「銀行準備に対するこれらの国外および国内流出は，自由貸付政策と結びつけられた割引率の引き上げによる古典的方法で対処された」と記してあった[22]。その通り連邦準備制度は，金の対外流出には「高バンク・レート」というバジョット・ルールを遵守した。ニューヨーク連銀は，$1\frac{1}{2}$%だった割引率を 10 月 9 日に $2\frac{1}{2}$%へ，さらに 1 週間後の 16 日には $3\frac{1}{2}$%へと，2 週間内で 2%ポイント引き上げた（前掲図 3-14 参照）。高バンク・レートのおかげで金流出は 10 月末までに沈静した。

他方，国内流出には「自由貸付」というバジョット・ルールを，連邦準備制度は資料に記してあるようには遵守しなかった。割引は 7 月 29 日から 10 月 28 日までに 5 億 3,400 万ドル増加した。しかし，この「自由貸付」ではこの間の 7 億 100 万ドルの国内流出を到底満たせるものではなかった。そのため，割引率とともに手形買入率も 1%から $2\frac{1}{4}$%へ引き上げられたが，それにもかかわらず諸銀行は引受手形を連銀に売却した。連邦準備制度の買入手形保有は 7 月 29 日から 10 月 28 日までに 6 億 5,800 万ドル増大した。銀行の準備流出を防止するための施策はこれだけであり，前述したように 8 月初旬にニューヨーク連銀が自行の投資勘定で 5,000 万ドルの政府証券を購入したのを最後に，実行委員会は 1 億 2,000 万ドルの政府証券の購入権限を持っていたにもかかわらず買いオペを実施しなかった。

結局，7 月 29 日から 10 月 28 日までの間に連邦準備信用が 12 億 4,200 万ドル増大したのに対して，金流出と通貨流出の合計は 14 億 2,800 万ドルだったので，銀行制度はこの差額となる 1 億 8,000 万ドルの準備流出を被った。上記の資料の言葉とは裏腹に，連邦準備制度は銀行制度の準備流出に対処しなかった。準備流出に対抗して諸銀行は金融資産の売却を急いだので，長短

表 3-6 長短諸金利の比較

	1931 年 8 月	11 月
短期金利		
4〜6 カ月満期コマーシャルペーパー	2.00%	4.00%
90 日満期銀行引受手形	0.88%	2.50%
コール・ローン	1.50%	2.05%
3〜6 カ月満期財務省手形・証書	0.42%	1.77%
長期金利		
政府債券	3.18%	3.63%
社債 Aa 格	4.85%	5.61%
社債 Baa 格	7.47%	8.93%

(出所) *Banking and Monetary Statistics*, p.451, p.460, p.470.

諸金利は表 3-6 に示される通りに上昇した。

イギリスの金本位制度離脱後に，ニューヨーク連銀の一部の関係者だけが銀行準備の流出と金融逼迫を不安視して政府証券購入の実施を主張した[23]。しかし，これは本当に一部の意見であった。ハリソンにもメイヤーにもこの時期，買いオペの考慮はなかった。彼らは金本位制の維持を第一に考え，国外流出に対する「高バンク・レート」にとらわれていた。メイヤーは翌 1932 年に議会の銀行・通貨委員会で，なぜ連邦準備制度は通貨退蔵と金流出を相殺するために政府証券を購入しなかったのかという，カンザス選出の上院議員の質問に対して次のように答えている。

9 月 21 日以降のわずか数週間のうちに，この国では諸外国によって彼らの持つ残高から 7 億 5,000 万ドルが引き出され，金の形態で持ち去られた。世界史上，この種の金流出に耐えた国はかつてなかった。（中略）思い出していただきたい，当時われわれは割引率を 1½% から 2½% へ，そして 3½% へ引き上げなければならなかったことを。その時の購入は安定的効果を持ちえず，割引率の引き上げの効果を無効としがちにしたであろう。このことは当時，重要な本質的要因であったばかりではなく，重要な心理的要因でもあった[24]。

買いオペ政策は「高バンク・レート」と両立しないとの判断だったようである。そしてまた，その効果が割引の減少に現れる政府証券購入は，おそらく「自由貸付」政策とも両立しなかったのであろう。

　今にして思えばこの時期の連邦準備制度の強力な引き締め政策は，金流出に対して過剰反応を示したと考えられるが，メイヤーが上で述べているように，金本位制度の維持に固執した心理的要因は引き締め政策のかなりの部分を占め，当時の国際金本位制度の下では当然のことだったのかもしれない。むしろ問題は，金流出が沈静した後すぐに連邦準備制度が善後策を何ら講じようとしなかった点にある。

　イギリスの金本位制離脱後の最初の政策会合となった10月26日の実行委員会に用意された資料は，対外問題よりも国内問題を重視して，「この国の事業の観点からは，商業銀行の状態に関係する展開－大多数の銀行破産，継続的な通貨退蔵，そしてこれらの発生によって浸透してしまった，必然的な銀行家の側での過度の警戒－が，金流出より重大となってきた」という認識を示していた。そして，加盟報告銀行の預金が7月初めからこの時点までに約19億ドルの減少を示し，これは準備制度設立来の最も急速な縮小だったこと，銀行の保有する債券の減価が銀行業困難の最大の原因であり，この減価が低級債券から政府証券を含む高級債券へと広がってきたこと，また債券市場を通した事業資金調達は完全に閉ざされてしまったこと等を指摘し，「従って，全体として見れば，現在の銀行業の状態は，景気回復に対する援助というよりも，むしろ障害をなしている。」と記していた[25]。

　しかし，この日の実行委員会は上述のメイヤーの高バンク・レートにとらわれる言説がそのまま反映されていた。会合での議論の中心は，買いオペではなく，売りオペを実施すべきかどうか，というものであった。まずマクドゥガル・シカゴ連銀総裁が，「準備制度保有の11月償還の政府証券は流出が認められるべきである」との売りオペの動議を提出した。ハリソンは，「現在は，流動性が保持されるよりもむしろ利用されるべき時である。困窮している諸銀行に援助を与えるに際して，準備制度の自発的活動によって，

この流動性の利用を不必要に減退させるようなことは何一つとして行われるべきではない」と述べて，売りオペに反対した。しかし，彼は買いオペの提案はしなかった。結局，マクドゥガルの動議は4対1の反対で却下された。それでもメイヤー連邦準備局総裁が，準備局は8月11日の政策会議で勧告された1億2,000万ドルの購入権限と同額の売却権限を認める用意があることを実行委員会に伝えたことから，実行委員会はそれが現在保持している購入権限と同額の売却権限を持つことを最終的に決定した[26]。

この実行委員会が開催された10月26日を境に米国からの金流出は止んだ。11月には銀行からの預金引き出しも緩み，銀行破産は9月の305行, 10月の522行と比較して11月は175行へと減少した。従って，国内外で資金流出を導いた金融パニックは沈静化に向かった。しかし，そこに残された状況は先の表3-6の長短諸金利の上昇が示すように金融逼迫であった。このような状況で連邦準備制度は金融緩和に向けた善後策を何ら講じなかった。

11月30日に公開市場政策会議は開催されたが，連銀総裁らの考えは，この間の異常事態で年末年初の季節的通貨動向が不確実となったため，この時点で長期的政策を決定するのは困難であるというものであった。そして翌1932年1月に長期的政策を決定するために別会合を開くことが取り決められた。短期的政策については，年末にかけて割引の増加は回避すべきとの判断から，実行委員会に対して2億ドルの政府証券購入の権限を与えるという，ハリソンの提案が満場一致で是認された。同時に実行委員会に対して年明けに同額の売却を行う権限も認めた[27]。

この2億ドルの購入提案は季節的通貨需要に対処するためであり，加盟銀行に割引の増加を回避させるのが目的であった。しかし，実際には2億ドルの買いオペではその目的を達成できるものではなかった。8月中旬から10月末までに連邦準備制度の買い入れた手形6億6,000万ドルの多くが年末にかけて満期を迎えたからである。これは当初から予想されており，11月30日の会合に用意された資料は，手形満期による連邦準備信用の減少を相殺するのと，季節的通貨需要を満たすのとに必要な12月末までの連邦準備信用

の増加額を 5 億 7,000 万ドルと見積っていた[28]。それにもかかわらず政策会議が勧告した購入額は 2 億ドルであった。しかも実行委員会はこの購入権限の下 12 月 21 日，22 日の両日に合計 5,000 万ドルの買いオペしか実施しなかったので[29]，加盟銀行割引は 11 月 25 日の 6 億 8,600 万ドルから 12 月 30 日までに 10 億 2,400 万ドルへと 3 億 3,800 万ドルも増加した。この 10 億ドルの割引残は，1929 年 8 月に連邦準備制度が緩和政策に着手した時の水準と同一である。11 月 175 行に減った銀行破産が 12 月には再び 385 行に増大した背景には，以上のようにこの時期に金融がより一層逼迫したことと関係があるものと考えられる。

　国際的な金融危機が収束に向かった 11 月以降に準備制度が積極的な買いオペ政策を実施しなかった理由の一つに，第 1 章で論じた自由金問題があった。国際金融危機が発生する以前の 1931 年 4 月時点での 1 億 3,000 万ドルという加盟銀行の連銀借入は，準備制度設立後のわずかな期間を除いて歴史的な低水準にあった。これが上述したようにイギリスの金本位制離脱後から 12 月末までに 10 億ドルを超える水準まで急増した。第 2 章で論じた 1920 年代期に確立した連邦準備政策の枠組みからいえば，この 10 億ドル以上の割引は明らかに金融逼迫の最大の要因であり，この減少を導くための買いオペ政策が実施されてしかるべきであった。しかし，それには自由金の制約があった。すでに自由金問題については詳述したので，ここで繰り返す必要はないが，1931 年 12 月時点で準備制度が保有する自由金は 3 億 5,700 万ドルであり，12 月の買入手形の償還を考慮すると，発券担保不足を招きかねなかった。11 月の会合で，長期的政策を決定するのは困難であり，翌 1932 年 1 月に別会合を開くことが取り決められたが，この困難を取り除くには自由金不足の解消が必要であった。そのための活動は，連邦準備制度ではなく連邦議会で生じていた。

3. 金融緩和政策と銀行制度の最終的瓦解，1932年1月－1933年3月

　前節では米国で銀行破産が大規模化した1930年11月から1931年末までの連邦準備政策を検証した。この間，国内では預金取り付けが，そして対外的には1931年9月21日のイギリスの金本位制度離脱後にドル取り付けが生じ，銀行制度は大量の資金流出に見舞われた。1932年はこのような金融展開によって脆弱化した銀行制度の機能回復を図るために，また景気の浮揚を試みるために本格的な金融緩和政策が実施された年である。

　図3-15から図3-18は，前節そして前々節に引き続き1932年1月から1933年3月までのハイパワード・マネーと，その需要と供給を構成する各項目の累積変化額を表したものである。従って各項目の数値の正負は1929年7月末時点との比較においてである。縦に引かれた破線は，公開市場政策会議とその実行委員会の開催日を表している。なお，各数値の変動規模が以前よりかなり大きくなるため，第1節と第2節で示した同様の図と比較して，金額のスケールも大きくなっている点に注意する必要がある。

　図3-15に示されるように連邦準備制度は1932年2月24日から8月10

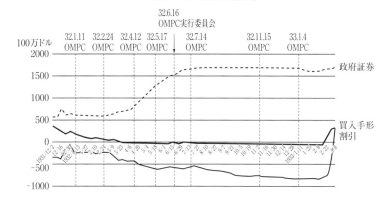

図3-15　連邦準備信用

図3-16 ハイパワード・マネー供給

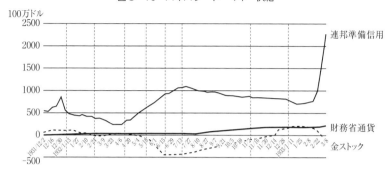

図3-17 その他合計

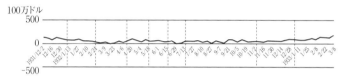

図3-18 ハイパワード・マネー需要

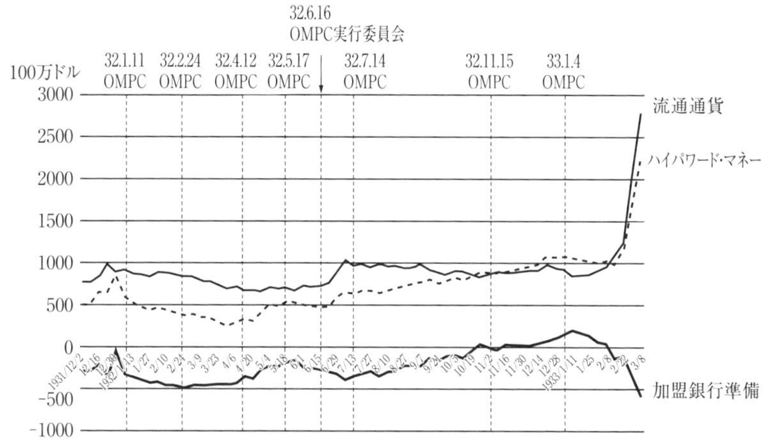

(出所) *Banking and Monetary Statistics*, pp.384-387.

日までに約 11 億万ドルに達する政府証券を購入し，大恐慌全期間を通してようやく本格的な買いオペ政策を実施した。その主な目的はこのあと詳しく見ていくように，1931 年末に 10 億ドル以上に増大し，1932 年初頭においても依然として 8 億ドル以上の高水準にあった加盟銀行割引の減少を導くことであった。なお，図の累積変化の起点となる 1931 年 7 月末の割引残は，本章第 1 節で述べたように，株式投機を抑制するために準備制度がそれまで厳しい引き締め政策を実施していたので約 10 億ドルという高水準にあった。従って 1931 年末にこの数値がほぼ 0 地点にあるということは，前節で論じたように厳しい引き締め時の水準に戻ったということである。

　買いオペによる約 11 億ドルの連邦準備信用の増加のうち，1/3 は 3 億 4,500 万ドルの金ストックの減少に吸収された（図 3-16）。この減少の大部分は，米国の信用拡張政策をインフレ的政策とみなし，それを懸念したフランスが金を本国送還したことによる。金ストックの減少に加えて 6 月にシカゴで発生した銀行不安によって流通通貨が 1 億 1,400 万ドル増大し（図 3-18），また買入手形が約 1 億ドル減少したので，買いオペによる約 11 億ドルの連邦準備信用の増加は，金ストックと買入手形の減少，そして流通通貨の増加で 5 億 6,000 万ドルが吸収され，残る約 5 億 5,000 万ドルの増加が 3 億 8,200 万ドルの割引の減少（図 3-15）と 1 億 8,400 万ドルの加盟銀行準備の増加（図 3-18）をもたらした。またニューヨーク連銀は，政府証券購入以外の緩和措置として 1931 年 10 月に 3½% へ引き上げた割引率を，2 月 26 日には 3% へ，さらに 6 月 24 日には 2½% に引き下げた（図 3-19）。

　買いオペ政策の当初の目的であった割引の減少は実現したが，減少幅は 3 億 8,200 万ドルと，そう大きなものではなかった。1932 年 8 月 10 日の割引は 4 億 5,200 万ドルであり，1930 年～1931 年半ばの約 2 億ドルの水準をかなり上回っていた。しかし連邦準備制度はこの時点で買いオペ政策を終了させた。金が流入に転じたのと，加盟銀行の保有する過剰準備が 2 億 5,000 万ドル以上になったためである。準備制度は加盟銀行に対して，さらに過剰準備を供給しようとすることは，全く考慮しなかった。

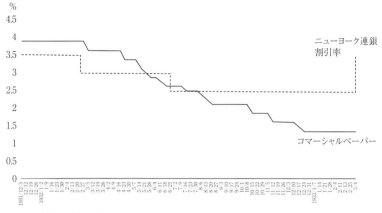

図 3-19　CP レート，ニューヨーク連銀割引率

（出所）*Ibid*, p.441, pp.456-457.

　8月以降は政府証券購入に代わって金流入が金融緩和を促進した。6月中旬にそれまで流出していた金は流入に転じ，そこから12月28日までに金ストックは5億8,800万ドル増大した。そのおかげで割引は12月28日までに2億6,700万ドルへと減少し，また加盟銀行準備も大幅に増加して総額24億8,200万ドルとなり，両者ともイギリスが金本位制度を離脱した1931年9月以前の水準に戻った。しかしこの準備の増加は銀行信用の拡張のベースにならず，過剰準備として加盟銀行に保有された。連邦準備制度が買いオペ政策を終了させた8月10日の過剰準備は2億6,700万ドルであったが，12月28日までに5億5,400万ドルへと増大した（第1章図1-2参照）。割引の減少と過剰準備の蓄積に伴って短期利子率，例えばコマーシャルペーパーの利子率は，図3-19に示される通り1932年1月の3.88％から12月末までに1.38％へと大幅に低下した。

　1932年2月24日以降の大規模な政府証券購入を中心とした金融緩和政策と，窮地に陥っていた商業銀行を救済するために2月より実施された復興金融公社の緊急融資とがあいまって，銀行業情勢は1932年3月以降，落ち着

きを取り戻した。この年の 11 月までの期間に銀行破産数と破産銀行預金額は，大恐慌期の最初の大規模な銀行破産を記録した 1930 年 11 月前の水準にほぼ戻りつつあった（第 1 章表 1 – 2 参照）。例外的にシカゴで銀行不安が生じた 6 月に，銀行破産は 151 行に達し，破産銀行預金額も 1 億ドルを越えたが，この局地的な銀行不安が 1931 年半ば以降のような全国的な預金取り付けに進展することはなかった。銀行業情勢の改善に伴って景気も回復の兆しを見せ，工業生産指数は 1932 年 7 月に 53（1924 年 – 26 年平均 100）という最低点に達した後に，10 月，11 月には 60 へと上昇した。加盟報告銀行の貸付・投資も同じくこの年の 7 月に底を打ち，その後は上昇に転じた。

以上のように 1932 年の緩和政策は景気回復に対してかなりの成果を収めたかに見えたが，その時までに脆弱化してしまった銀行制度を根本的に立て直すのには無力であったことがすぐに判明した。1933 年に入り銀行業情勢は三度悪化し，この悪化とともに景気は再度，そして最後の後退を示した。

1932 年に入って公衆の預金引き出しは緩んだが，これは連邦準備制度の緩和政策と復興金融公社の救済融資によるばかりではなく，この時までに銀行が預金者と一定期間，預金の引き出しを制限する協定を結ぶことが一般化していたことにもよる。このようにすでに民間レベルでは，預金の通貨への変換の制限，すなわち支払制限が発効していた[1]。1932 年 10 月にはネバダ州で銀行休日が宣言され，支払停止が行政レベルで実施されるようになった。1933 年に入り銀行取り付けが全国規模で再発すると，諸州で銀行休日が宣言された。ニューオリンズの銀行の窮地を救うためにルイジアナが 2 月 4 日に州銀行休日を宣言したのを皮切りに，3 月 3 日までに約半数の州で銀行休日が宣言された。

休日が宣言された諸州の銀行は準備流出を免れたが，この間に準備を強化するために銀行間バランスを引き揚げたので，ほかの地域の銀行の負担を高めてしまい，それらの地域の銀行は窮地に陥った。最終的にはこの負担はニューヨーク市銀行に降りかかった。2 月 12 日から 3 月 3 日までに，ニューヨーク市の加盟報告銀行は 7 億 2,500 万ドルの銀行間バランスを失った[2]。

ニューヨーク市銀行は銀行間バランスの引き出しだけではなく預金者の預金引き出しにも応じなければならなかったし，加えてルーズベルト政権の金政策－平価切り下げ－に関する噂が再度対外金流出と国内金流出（通貨需要の一部が始めて金と金証券の形態をとった）[3] を導いたので，ニューヨーク市の銀行はパニック状態に陥った。通貨と金に対する需要の増加に伴ってニューヨーク連銀の金準備は40％の法定準備率を下回り，3月3日に連邦準備局は準備要件を30日間停止することを決定せざるをえなくなった。しかし準備要件の停止でパニックを沈静できるはずもなく，結局3月4日にニューヨーク州知事レーマンは州銀行休日を宣言した[4]。イリノイ，マサチューセッツ，ニュージャージー，ペンシルベニア等の多くの州も同様の行動をとった。すでに国法銀行の閉鎖に関する罰則規定は解かれており，国法銀行も州銀行休日に従ったので，この3月4日時点で大半の銀行が業務を停止した。最終的には3月6日にルーズベルト大統領が全国銀行休日を宣言し，米国の銀行制度は全面的にその機能を停止した。そして全国銀行休日が宣言された1933年3月に，43カ月間にわたる景気縮小の底も記録した。

　この最終危機に当たっての連邦準備制度の政策は，イギリスの金本位制離脱後の危機での対応と同じであった。銀行不安の高まりとともに流通通貨は2月1日から3月4日までに18億8,600万ドル増大した（以下図3－15～図3－18を参照）。これを賄うべく連邦準備信用の増加は15億7,400万ドルでしかなかった。この間に3億ドルの金流出があったので，結局，加盟銀行準備は6億6,000万ドル減少した。加盟銀行は連銀で11億4,500万ドルの手形を割り引き，また3億8,600万ドルの引受手形を連銀に売却して準備流出の阻止に努めたが十分ではなかった。連邦準備制度はこの準備流出を積極的な買いオペ政策で対処しようとはしなかった。他方，金流出には1931年9月の時と同様に割引率の引き上げで対処し，ニューヨーク連銀は2½％だった割引率を3月3日に3½％へ1％ポイント引き上げた。

　1932年2月24日に開始された10億ドル以上の政府証券購入と，6月中旬以降の金流入とで銀行の準備は強化され，さらに復興金融公社の救済融資で

銀行業情勢は改善されたにもかかわらず，銀行制度は 1933 年初期に三度大量の預金引き出しを受け最終的には瓦解した。なぜこのような後戻りが生じたのかは疑問である。1933 年 1 月に議会決議に従って復興金融公社の融資内容がすべて公表されたことや，ルーズベルト政権の金政策についての不確実性がその一因であったことは確かである。しかしこれらの出来事だけでは，銀行制度がごく短期間のうちに前例のない規模の預金引き出しを受けたことを説明できない。やはりチャンドラーが指摘するように，この時期において銀行は「基本的に不健全」であったと考える以外に理由は見当たらない[5]。

大恐慌に突入した直後の 1929 年 12 月における加盟銀行の貸付・投資の総額は 356 億ドルであったが 1932 年 12 月には 275 億ドルとなり，この間に 81 億ドル（23％）も減少した[6]。このような大幅な減少が生じたのは再三指摘しているように，主に預金引き出しに対処するために銀行がその資産を清算せざるをえなかったからである。結局，1932 年末までに流動化できる銀行資産の多くは整理され，流動化できない，いわば不良化した資産の多くが必然的に銀行のポートフォリオに残ったものと考えられる。そしてこれらの不良債権には大恐慌に突入した 1929 年秋には健全だったものが，不況の深化という時間の経過とともに回収不能となった貸出がかなり含まれていたものと思われる。加えて市場性のある資産の評価額は大幅に減価した。従って銀行制度全体の支払能力は，1930 年末期以降の流動性不足に悩まされた 2 年が経過する中で，大幅に失われていった。このような銀行業情勢の下では，公衆に銀行不安を導く何らかの出来事が起きれば，それが短期間のうちに全面的な銀行取り付けへと容易に進展すると考えるのは妥当である。

第 2 章で論じたように，連邦準備法とは「連邦準備諸銀行の設立，弾力性ある通貨の供給，商業手形再割引手段の提供，合衆国における銀行業のより有効な監督制度の確立およびその他の目的のために定める法律」である。そして「弾力性ある通貨供給」とは，公衆による預金の通貨への変換が生じた場合に，この通貨需要を完全に満たすことができるように通貨を供給することである。1907 年の金融恐慌が米国での中央銀行の設立の契機となった以上，

これが連邦準備制度に与えられた最大の経済的使命である。流動性危機が生じた 1930 年末期と 1931 年中期以降において，連邦準備制度がこの使命に忠実でなかったことは，これまで見てきた。流動性危機がはるかに進行してしまった 1932 年 2 月下旬になって，ようやく連邦準備制度は積極的な政府証券購入政策で「弾力性ある通貨供給」を行った。しかし，この政策は銀行制度に過剰準備の蓄積が目立ち始めた 8 月初旬に終了した。本来ならば，流動性危機の再発を防止するために，銀行制度に対してさらなる過剰準備の構築に向けて買いオペ政策を継続すべきであった。第 1 章 3 節で詳述したように，1932 年 2 月のグラス＝スティーガル法の制定で発券担保として政府証券が認められ，自由金問題が解消した以上，このような政策の推進に何の支障もなかった。

　連邦準備制度が銀行制度に流動性を供給するための大胆な政策を採用しなかったので，結局，金融危機の終結は金融政策ではなく，政府による銀行政策に委ねられる状況を招いてしまった。そして最終的には，国内の全商業銀行の機能を停止させる，大統領令による全国銀行休日の宣言という劇薬をもって金融危機は終結した。

金融政策の展開

　1931 年 11 月 30 日に開催された公開市場政策会議で，その時の季節的通貨動向の不確実性を鑑み，連邦準備制度の長期的政策については年明け後に改めて議論することが合意された。それを受けて 1932 年 1 月 11 日に各連銀の総裁がワシントンに招集された。この日の会合では，政府証券操作や割引率の変更など，連邦準備制度の政策に直接関わる問題の他に，当時，議会に上程されていた復興金融公社の設立に関する法案の通過見通しや，この公社の設立に伴って必要となる財務省の資金調達計画など，様々な問題が包括的に協議された。

　会合でハリソンは，信用収縮を停止させ，その増大を導くために考慮すべき計画として，次の 6 点を挙げた[7]。

(1) 復興金融公社法案の通過
(2) 鉄道会社の賃金カットを基礎とした債券市場の組織的支援
(3) 財務省資金計画への連邦準備制度と加盟銀行の協力
(4) 可能な場合には手形購入
(5) 割引率の引き下げ
(6) もし必要ならば，自由金状態の緩和によって容易になる場合での政府証券購入

　まず（1）の復興金融公社法案の通過についてであるが，会合に出席していた連銀総裁らはこの公社の早期の設立を強く望み，連邦準備銀行の設備と人材を復興金融公社に提供することに異議がないことを確認した。(4) の手形購入も合意した。(3) の財務省の資金調達計画については，この会合に途中で加わったミルズ財務次官（後に長官）が次のように説明し，連邦準備制度に財務省への協力を要請するとともに，財務省の資金計画が信用機構の機能回復に役立つことも併せて指摘した。

　財務省は経常支出を，また復興金融公社，農業貸付銀行および提案されている住宅金融公社の［資金］要求を満たすために，現在から6月30日までの間に約15億ドルの追加資金を調達する問題に直面している。この1年間に国家債務を増大させた結果は，予想されえたであろうようなインフレ的なものではなく，むしろこの逆であった。（中略）
　もし財務省と連邦準備銀行が今，密接に協力して作業をしなければ，利子率を非常に急激に上昇させることなく15億ドルを獲得することは不可能であろう。そして利子率の上昇は，今度は政府証券と他の証券の厳しい減価という結果になるであろうし，回復されなければならない政府の信用をさらに損わせるであろう。現在，われわれは，戦争という有事に唯一匹敵する緊急事態に対処しなければならないのであり，政府証券を販売するに当たって，戦時の手法に戻ることは正当化される。
　（前略）諸銀行の財務省応募への意向は，割引率と政府証券利回りとの間に若干の差を設けるように，連邦準備銀行がその利率を引き下げることによって高められるであろう。もし諸銀行が借り入れて購入するように誘引されるのであれば，その純効果は信用拡張に

違いない．

　ミルズ次官はこのように述べる一方で，6月の財政年度末以降は財政赤字を解消し，均衡財政に戻るという言質を非公式に与えた．彼の要請を受けて，連銀総裁らは（5）の割引率の引き下げに同意した．問題は国債担保の銀行振出の約束手形に優先利率を設けるか，それとも一律の引き下げを実施するかであったが，それは各連銀の判断に委ねることで決着した．また，割引率の引き下げは，「政府証券の販売を促進する措置として考えるのではなく，信用収縮を停止させるための重要な措置と考える」ということも，連銀総裁らの間で確認された．

　（6）の公開市場政策会議の本来の管轄事項である政府証券購入については，連銀総裁らの間でまたしても紛糾した．マクドゥガル・シカゴ連銀総裁は購入に代えて，1月から3月までの間に1億3,000万ドル程度を売却することを提案した．セイ・リッチモンド連銀総裁は，「加盟銀行はその必要とするどの資金も借入によって獲得すべきである」と主張し，マクドゥガルの提案に同調した．しかし最終的には，政策会議はハリソンによる妥協的あるいは全く無意味な次の購入勧告を，3人のメンバーの反対を押し切って採択した．「政策会議は実行委員会に対して制度勘定で2億ドルを越えない範囲で政府証券を購入する権限を与えることとし，そのような購入は，その理由あるいは必要性を吟味するために招集される会合において，実行委員会が是認した後，初めて行われることとする．」この勧告は，売りオペは行わないが次回の政策会議の開催まで買いオペも実施しないと述べている．ハリソンがこのような勧告を提案した背景には，先の（6）で「自由金状態の緩和によって容易になる場合での政府証券購入」とあるように，自由金の問題があったことに疑いはない．

　この1月11日の会合で手形購入が合意されたことを受けて，ニューヨーク連銀は翌12日に$3\frac{1}{8}$％だった買入率を3％に引き下げた．しかし連邦準備制度の手形保有は増大せず通常の季節的パターンに従って減少した．割引率

の引き下げも合意されたが，リッチモンドとダラスの両連銀のみが会合後に割引率を4％から，他の残るすべての連銀のそれと同一水準となる3½％に引き下げただけであった。ニューヨーク連銀が割引率の引き下げを見送ったのは，ウイッカーによると，ハリソンが引き下げによってフランス，スイスおよびオランダがニューヨーク・バランスを引き揚げるのではないかという懸念を抱いていたためである[8]。

　このように遅々として進まぬ緩和政策とは裏腹に，経済・金融情勢は1932年に入っても着実に悪化していった。翌2月24日の公開市場政策会議に用意された資料は，この悪化とその原因を次のように伝えている。

　加盟報告銀行の貸付と投資は，年初来の7週間に8億ドルも，すなわち年率で29％の割合で減少した。この着実な信用収縮の下で景気は回復の証拠を示さず，少なくとも過去2週間までは低下し続けている。この信用収縮の主要な原因は，加盟銀行による，とりわけ2，3の主要センターの外部の加盟銀行による大量の［連銀］借入であった。多くの加盟銀行には大量の債務があるので，彼らの精力は信用を清算するための，したがって債務を返済するための努力に捧げられている。最も間近な数字によると，加盟銀行割引は約8億5,000万ドルであること，そしてこれらの負担は主要センターの外部の諸銀行に最も重くのしかかっていることを示している。実際にこれらの銀行グループの割引は，準備制度が信用収縮のために最大限の圧力を行使した1929年におけるよりも，かなり大量である。現在の加盟銀行の割引量は，おそらく戦時期間を除くと，常にデフレ的であることが判明しているし，また現在の敏感な心理では，割引の負担が今と同じぐらい大きい限り，デフレーションの中断は起こりそうもない[9]。

　2月24日に公開市場政策会議が招集されたとき，議会に上程されていたグラス＝スティーガル法の通過は確実となっていた。これにより政府証券が連邦準備券の担保として認められるので自由金不足は完全に解消され，政策会議にとっての問題は1月の会合で勧告した2億ドルの政府証券購入を実施するかどうかであった[10]。

会合では連邦準備局が買いオペ政策を強く支持した。メイヤー総裁は，「新法案の下，準備制度が加盟銀行に対して政府証券購入によってその債務を解放できる当然の権限を持つ場合には，蓄蔵のための資金引き出しという理由で銀行業を厳しい緊張にさらすのは無用のように思われる」と主張した。準備局のミラーは，「大胆な操作を行うのに現在よりも安全な時はなかった」，「議論されている量よりもさらに大規模な購入を是認するであろう」という見解を表明した。他方，マクドゥガル・シカゴ連銀総裁は，「一般原則として，諸銀行が借入によって資金を獲得することのほうを考えたい」と述べ，相変わらず政府証券購入に反対した。ノリス・フィラデルフィア連銀総裁の次の買いオペ政策に対する懐疑的な発言は，ここに出席していたほとんどの連銀総裁らに共通するものであった。すなわち，「そのようにして市場に流出される資金が国中に散布されるかどうか疑問なので，政府証券購入によって一体何が成就されるのだろうか」。これについて会議に出席していたミルズ財務長官（職権上の準備局のメンバー）は，「ニューヨーク市銀行は政府資金調達の負担のほとんどを支えなければならないであろうし，そのように調達された貨幣は，そのあと政府によって国中に散布されるであろうから，こうして資金を分配する非常に直接的な方法が用意されている」と答えた。確かに復興金融公社などの政府金融機関が，このような役割を果たすことになる[11]。いずれにせよ，議会の活動によって自由金不足の解消が確実になったので，また先に引用した資料が言及するように，割引の増加が金融逼迫の原因であることを連邦準備当局者らは認識していたので，政策会議のメンバーの多くは以前ほど買いオペ政策に強い反発を示さなかった。

　1月の会合での購入勧告は2億ドルであったが，ハリソンはそれに代えて新たに，「実行委員会には，週当たり2,500万ドルの割合で2億5,000万ドルまで政府証券を購入する権限が与えられるものとする」という動議を提出した。マクドゥガルとヤング・ボストン連銀総裁の反対はあったが，政策会議はこれを是認した。その直後に開かれた実行委員会は，政策会議で是認された権限通りに買いオペ計画を開始することを3対2の賛成で決定し，購入を

開始した。

4月5日，実行委員会は購入の継続を確認するとともに，新たな購入計画を検討する目的で4月12日に公開市場政策会議を開催することを取り決めた[12]。購入が開始された1932年2月末から4月12日の政策会議開催までに，実行委員会は制度特別投資勘定で1億7,000万ドルの政府証券を購入した。計画通り週当たり2,500万ドルの購入であった。また，ニューヨーク連銀は2月26日，イギリスの金本位制度離脱後に3½％まで引き上げた割引率をようやく3％に引き下げた。1月12日に3％へ引き下げた手形買入率も，さらに2段階の変更で3月25日までに2½％に引き下げた。このように，2月24日の政策会議以降，連邦準備制度は本格的な金融緩和政策に取り組み始めた。

政府証券購入と銀行制度への若干の通貨還流との効果があいまって，加盟銀行割引は2月24日から4月13日までに2億600万ドル減少し，ほぼ2月の購入計画の目的は達成されつつあった。とはいえ，その残存額は依然として6億2,900万ドルの高水準にあり，緩和政策を徹底させるためにはさらなる買いオペ政策が必要であった。他方，緩和政策の実施を強く求める議会では，連邦準備制度に物価のリフレーションを命ずる「ゴールズ・ボロ法案」[13]や，退役軍人に対する恩給支払のために低利の特別国債発行によって連邦準備券の増発を命ずる「トマス・ボーナス法案」といったインフレーション的法案が上程され，外国のドル保有者のみならず，連邦準備当局者をも不安がらせた。トマス上院議員はハリソンに対して，連邦準備制度が精力的に活動を推進するのであれば，議会の活動に圧力を加えない，と語ったと伝えられている[14]。このような状況を背景に4月12日，公開市場政策会議が開催された。

この日の会合の冒頭でメイヤー連邦準備局総裁は連銀総裁らに対して，「上院において，連邦準備局に対してこの状況に対処するための計画を述べてもらうことを，そして必要となるどの立法をも指示してもらうことを求める決議が上程されている」と，議会情勢に注意を呼びかけた[15]。そして彼

は次のように言葉を続けた。「連邦準備局は,連邦準備制度が回復のために以前より助力してきた以上のことに,現在では着手できるものと考えており,そして私は,信用の減少を停止するよう努めるに当たって,準備制度にその能力をより完全に機能せることが期待されているであろう時が到来したところであると考えている。」このように政策会議に対して,より一層の緩和政策を採用するよう示唆した。他の連邦準備局の委員もメイヤーに同調し,ミルズ財務長官に至ってはさらに次のように語気を強めた。「現在,連邦準備制度には大きな義務がある。議会と政府は,救済活動を展開するに当たって,それらがなせるあらゆることを行ったが,依然として悪化は着実に起きている。このような状況で,偉大な中央銀行が70%もの金準備を持ちながら,積極的な手段を講ずることなく傍観していることは,ほとんど考えられないことであり,ほとんど許されるものではない。連邦準備の資源は,現在の緊急事態にふさわしい規模で機能するよう向けられるべきである。」

多くの連銀総裁らは,これ以上の買いオペ政策に疑問を呈した。ヤング・ボストン連銀総裁は,買いオペで金融センターに積み増される資金が他の地域に散布されるかどうかを問いただしたが,彼は諸銀行の協力が得られない限りこれは成功しないと思っていた。そして,そのような銀行協力を得ることに懐疑的であった。その場合,この種の政府証券購入計画は,多くの銀行家の恨みを買うものと考えていた。マクドゥガル・シカゴ連銀総裁は,政府証券を連邦準備券の担保とすることにインフレの危険を見ており,連邦準備制度は公衆の信頼を失うのではないか,ということを不安視した。コーキンズ・サンフランシスコ連銀総裁は,政府証券購入後に大量の対外金流出が生じる可能性に懸念を表明した。これに対してハリソンは,「いくらかの引き出しはあるかもしれないが,厄介な問題をもたらすほどの量にはならないであろう」と答えたが,すでに彼は2月27日のグラス=スティーガル法成立後に,米国側のインフレ政策の採用を警戒したフランス銀行からドル残高の引き出しを打診されていたので[16],またフランス銀行が引き出す場合には漸進的にではなく一括して行うことを望んでいたので[17],この返答の真意

は不明である．このあと，実際にフランス銀行はドル残高を引き出し，米国は相当量の金を失うことになる．マッキネン・ダラス連銀総裁は，「必要とされるのは大量の貨幣ではなく精神的態度の変化である」と主張し，金融政策の有効性に疑問を示した．何人か連銀総裁らもこの見解に同意した．しかし最終的には，ヤング一人の反対はあったが，政策会議はハリソンの提出した前回2月24日の政策会議時の購入計画を上回る規模となる次の動議を是認した．

　連邦準備局の認可を条件として，実行委員会には，2月24日の公開市場政策会議で承認され，期限切れとなっていない権限に加えて，5億ドルまで政府証券を購入する権限が与えられるものとする．そしてこれらの購入は，少なくとも初めの諸週においては，できる限り早い進度で実施するものとし，もし可能ならば，今報告週間に総額1億ドルに達すべきものとする．

　最後の「今報告週間に総額1億ドルに達すべきものとする」という意味は，連邦準備銀行の週営業末が水曜日なので，この会合が開催された4月12日を含む週のこの曜日までに，2月の購入勧告に従う週当たり2,500万ドルの政府証券購入の他に，もう7,500万ドルを購入するということである．それはまた，「できる限り早い進度で実施する」という，この進度の指針も提供している．つまり，この勧告は週当たり1億ドルの割合で5億8,000万ドル（期限切れとなっていない購入権限が8,000万ドル）の買いオペを実施するというものである．連邦準備局がただちにこれを認可した後に，実行委員会は購入計画の即座の開始を決定した．翌5月17日の公開市場政策会議までに，実行委員会は勧告通り週当たり約1億ドルの割合で4億8,300万ドルの政府証券を購入した．

　この4月の会合で割引率についても議論があり，「現在の情勢は，利子率によってはほとんど影響されず，貨幣供給（the supply of money）によってより大きく影響される」という見解が表明されたように，この時期，連邦

準備制度は金利統制にそう大きな効果を期待していなかったようである。実際にニューヨーク連銀は2月26日に3％へ引き下げた割引率を，この水準に長く維持した。そして6月24日に2½％に引き下げたが，1932年の引き下げはこれが最後であった。手形買入率も同様であり，2月26日に2¾％に引き下げたあと，3月25日に2½％へ，6月24日に1％へ引き下げ，これを最後に1932年の残る期間，この水準を維持した。買入率の引き下げが不十分だったという理由だけではないと思うが，連邦準備制度の買入手形保有は4月以降ほとんど変化がなかった。

　5月17日に政策会議が招集された時，それに用意された資料は，2月24日からこの日までの約6億5,000万ドルに達する政府証券購入の金融効果を次のように要約していた[18]。

1. 加盟銀行の諸連銀での債務は8億5,000万ドルから約4億7,000万ドルへ減少した。
2. 加盟銀行は現在，約2億6,500万ドルの過剰準備を保有している。
3. 主要センターでの公開市場利子率と預金利子率は大幅に低下した。
4. 銀行信用の減少は阻止されたようである。
5. 政府証券価格は著しく改善され，他の非常に高級な証券価格はいくぶん改善された。しかしここ数日間に若干の後戻りがあった。

　会合に出席していた大部分の連銀総裁らは，購入計画には依然として消極的であり，むしろ復興金融公社の活動を高く評価した。しかしこれまでの買いオペ政策が，以上のように一定の効果を持ったことから購入の継続に反対しなかった。そこで政策会議は，「連邦準備局の認可を条件として，実行委員会には5億ドルの総額を越えない範囲で，制度勘定分で週ごとの政府証券購入を継続する権限が与えられるものとする」という決議を採択した。マクドゥガルとヤングは反対票を投じた[19]。

　この購入勧告は4月12日の勧告と比べると，購入総額こそ変わりはないが，「できるだけ早い進度で」という一節が欠けており，また週ごとの購入

額が示されていない。メイヤー総裁は,「この決議の下での購入は,最近数週間に追求された割合よりも幾分緩やかに行われるべきである」と述べたが,その理由を示さなかった。この直後に会合をもった実行委員会は,今報告週に 8,000 万ドルを購入し,その後の購入量は電話連絡で決定するとして,週ごとの購入額を取り決めなかった[20]。

　表 3-7 は買いオペ政策が開始された 1932 年 2 月 24 日から,それが終了する 8 月 10 日までの週ごとの制度特別投資勘定の購入額を示したものである。これに見られるように,この 5 月 17 日の政策会議以降,購入のペースは大幅に落ちた。購入が開始された 2 月 24 日からそれが終了する 8 月 10 日までに,制度特別投資勘定での政府証券保有は 10 億 7,279 万ドル増加したが,5 月 19 日から 8 月 10 日までの購入額は約 3 億 4,314 万ドルに過ぎなかった。シカゴ連銀が管轄区の銀行危機に対処するために自行勘定で購入した約 4,150

表 3-7　制度特別投資勘定の変化

1932 年 2 月 24 日公開市場政策会議時点の連邦準備制度の制度特別投資勘定での政府証券保有総額
　　　　　　　……………566,816,000 ドル

制度等別投資勘定の週間変化（ドル）

期間	金額	期間	金額
1932 年 2 月 24 日～3 月 2 日	+20,000,000	～6 月 1 日	+50,003,000
～3 月 9 日	+25,000,000	～6 月 8 日	+69,500,000
～3 月 16 日	+25,000,000	～6 月 15 日	+46,850,000
～3 月 23 日	+25,000,000	～6 月 22 日	+38,250,000
～3 月 30 日	+25,000,000	～6 月 29 日	0（注）
～4 月 6 日	+25,000,000	～7 月 6 日	+30,000,000
～4 月 13 日	+100,000,000	～7 月 13 日	+20,000,000
～4 月 20 日	+93,000,000	～7 月 20 日	+15,024,500
～4 月 27 日	+113,000,000	～7 月 27 日	+5,000,000
～5 月 4 日	+99,130,000	～8 月 3 日	+5,000,000
～5 月 11 日	+98,375,000	～8 月 10 日	+5,000,000
～5 月 18 日	+81,139,000	2 月 24 日からの購入総額	+1,072,791,500
～5 月 25 日	+58,520,000		

1932 年 8 月 10 日時点の連邦準備制度の制度特別投資勘定での政府証券保有総額
　　　　　　　……………1,639,607,500 ドル［1932 年末までのこの総額に変化なし］

（注）シカゴ連邦準備地区で起きた銀行業困難に対処するためにシカゴ連銀が自行の投資勘定で 41,515,000 ドルの政府証券を購入したことから,これを制度特別投資勘定の増額に代替した（実際の振替はなかった）。
（出所）各政策会議に用意された操作報告（Report of Open Market Operation）より作成

万ドルの政府証券を加えても3億8,464万ドルであった。

5月17日の政策会議から翌6月16日の実行委員会までの1カ月間に実施された約3億ドルの政府証券購入で増大した連邦準備信用は，再発した金流出に相殺された。この間に米国は約3億7,000万ドルの金を失い，そのため加盟銀行準備は4,300万ドル減少した。過剰準備も，4月12日の政策会議後の週当たり1億ドルの買いオペによって，5月第4週までに3億5,400万ドルに達したが，その後の1カ月間で2億4,900万ドルへと減少してしまった。これらの数値は，購入のペースを落としたのは賢明でなかったことを物語っている。

6月16日に実行委員会が招集された時，この会合に用意された資料は，金動向について「フランス銀行の本国送還の計画が終了したことで，外国中央銀行による資金の金への変換は当座は終了した」と記し，そして「加盟銀行が過剰準備を維持することは，これから先の数週間においてはそれほど難しくないであろう」と述べていた[21]。金動向に関するこの見通しは全く正確で，6月16日以降に金は流入へと転じる。過剰準備に関する見通しもほぼ的確であった。この6月にシカゴ市で銀行取り付けが発生して流通通貨が増大したために，この後の数週間に過剰準備は若干減少するが，シカゴの銀行不安はすぐに沈静したので7月中旬から過剰準備はかなりの割合で増大し始める。シカゴでの銀行取り付けが，1930年末期や1931年中期のように全国規模とならなかったのは，復興金融公社の融資活動，連邦準備制度の大規模な買いオペ政策といった銀行業状態の改善を図るための積極的な政策当局による施策が，効果を持ったものと考えられる。

この6月16日の実行委員会でハリソンは，週ごとの政府証券の購入量を電話連絡で決定するのが難儀であること，そして金輸出の動きが落ち着き，これまでよりも少ない購入で相当量の過剰準備を維持できることを理由に次の提案を行った。

(1) この先，通達があるまで，加盟銀行の過剰準備を2億5,000万ドルから3億ドルま

での数値に維持できるのに十分な量の政府証券購入は行われるべきである。
(2) 準備制度は政府証券の保有総額に週ごとの増加を示すことを継続すべきである。

　実行委員会はこの提案を満場一致で採択した。ヤング・ボストン連銀総裁は，彼自身の地区の代表というよりも公開市場政策会議で決定された政策を運営するメンバーの一人としてこの提案を支持すると述べて，個人的には政府証券購入の継続に反対であることを隠さなかった[22]。
　この購入勧告は，これまでの勧告と内容が異なる。なぜならば，買いオペの操作対象が加盟銀行の連銀借入から過剰準備に変わっているからである。第2章で論じたように連邦準備当局者らが公開市場操作で最も重視していた操作対象は，加盟銀行の連銀借入量であった。その理由は，これまで度々述べてきたように，短期利子率と連銀借入量との間の変動に非常に強い相関関係が認められていたからである。従って，公開市場操作で連銀借入量を操作することは，最終的には短期利子率の変化を意識したものであった。これまでの政府証券の購入勧告では，「加盟銀行の連銀借入を回避または減少させ，金融市場の逼迫を防止するために」という文言が記されていた。この「金融市場の逼迫を防止するために」というのは，短期利子率の上昇を阻止するということである。
　この日の勧告は連銀借入ではなく過剰準備を操作の対象としている。4月12日の公開市場政策会議でヤング・ボストン連銀総裁が，買いオペで金融センターに積み増される資金が他の地域に散布されるかどうかを問うていたが，この間の大量の買いオペで主要センターの加盟銀国には，勧告文にあるように，2億5,000万ドルから3億ドルまでの過剰準備が発生していた。他方，加盟銀行の連銀借入は，買いオペ政策が開始された1932年2月24日時点で8億3,500万ドルであったが，この勧告が行われた6月16日時点では4億9,600万ドルで3億3,900万ドルしか減少しなかった。この買いオペ計画が実施された最大の目的は，割引の減少を導くことだったので，この減少幅は政策会議にとって誤算だったに違いない。金融センターに積み増された

資金は，思ったほど他の地域に散布されなかった。この時点での4億9,600万の割引残は，1930年～1931年半ばの約2億ドルの水準をかなり上回っていた。

　加盟銀行の連銀借入量を重視するこれまでの公開市場操作の政策枠組みから言うと，過剰準備の発生は連銀借入量がほぼ最低限に到達したことを意味し，買いオペ政策の限界となる。それ以上の買いオペは，主要センターの銀行の過剰準備を蓄積することになる。現在の金融政策の言葉を用いれば，銀行準備等を運営目標として重視する量的緩和政策の開始となる。しかし，このとき政策会議も連邦準備局も，これ以上過剰準備を増加させるという考えはなく，この過剰準備の発生が現在のような量的緩和政策に繋がることはなかった。そして，上記の「過剰準備を2億5,000万ドルから3億ドルまでの数値に維持する」という勧告により，買いオペのペースはさらに落ちることになった（表3-7参照）。

　7月14日に招集された公開市場政策会議でハリソンは，「過剰準備が追加信用の基礎として活用されるまで，それを2億ドルから2億5,000万ドルまでに維持する」という，6月の実行委員会時よりもさらに後退した提案を行った[23]。メイヤー連邦準備局総裁も，「将来の政策を決定するに当たって，追求されてきた政策の突然の中止の公共的効果は芳しいものとはならないであろうということを考慮に入れる必要がある」と述べて，どちらかと言えば購入の継続に消極的な態度を示した。最終的に政策会議は，ヤング，マクドゥガルそしてセイの3人の反対はあったが，次の決議を採択した。

　実行委員会には，加盟銀行の過剰準備をおよそ2億ドルに維持するのが必要な範囲で政府証券を購入する権限が与えられるものとし，購入総額は，以前に公開市場政策会議で認められた金額，すなわち2億700万ドルに制限されるものとする。実行委員会の指針については，異常なあるいは予期せぬ状況を除いて，購入は週当たり1,500万ドルを越えてはならないが，翌4週間に渡って週当り500万ドルを下回ってはならないものとする[24]。

購入の制限となる2億700万ドルは，5月17日の政策会議で実行委員会に与えられた5億ドルの購入権限と，この日までにこの権限の下で実行委員会が購入した約3億9,000万ドルとの差額である。

　実行委員会は政策会議が指針として与えた最低限度の購入割合を忠実に守り，7月20日までに1,500万の政府証券を購入し，残る3週間は週当たり500万ドルのペースで購入を実施した（表3-7参照）。8月10日を最終とする週の500万ドルの購入で，実行委員会は政策会議が是認した2億700万ドルの購入権限をすべて行使しないまま，2月24日から実施した買いオペ政策を終了させる。この時点で公開市場政策会議は会合をもたず，購入の継続を協議しなかった。そして，連邦準備制度は8月10日時点の制度特別投資勘定での約16億4,000万ドルの政府証券保有を，この年末まで維持した。

　すでに述べたように，準備制度が買いオペ政策を終了させたにもかかわらず，6月中旬以降に流入に転じた金が1933年初期まで増大し続けたのと，7月以降に流通通貨が安定的に推移したために，1932年中期以降に加盟銀行の準備状態は大きく改善し，また銀行の連銀借入の返済も進んだ。こうしたことから，金融市場には緩和状態が生み出された。このように金融情勢がかなり好転したのが明らかとなった11月中旬に，公開政策会議が開催された。

　この11月15日の政策会議に用意された資料は，経済・金融情勢について楽観的な見通しを記していた。この時点での過剰準備の蓄積，ニューヨーク市における預金の増大，そして証券価格と生産活動の回復は，「以前の不況期における一般的な事態の経過と著しく類似してきた」とし，図3-20に示される過去の比較的厳しい不況期と今回の不況期の経済・金融諸指標の比較から，この時点でほぼ景気が底入れしたことを示唆していた[25]。

　この図から読み取れることは，ニューヨーク市銀行の準備（連邦準備制度設立以前）もしくは非借入準備（連邦準備制度設立後）が最大となる地点がほぼ不況の底で，そのあと景気は横這いとなり，その後に本格的な回復が生じるというものである。しかし，表3-8からは，この時期の過剰準備の所要準備に対する割合は，金融危機を伴った1884-85年不況期や1893-94年

図 3-20 景気・金融諸指標

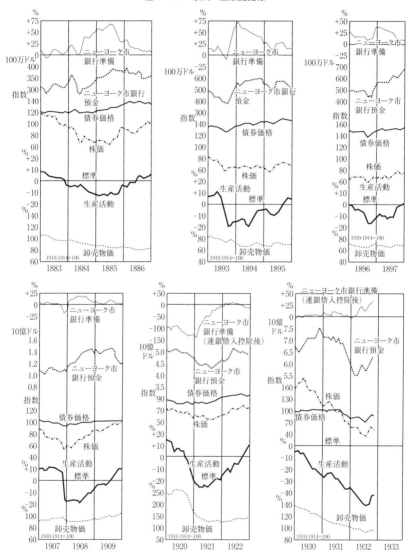

(出所) Preliminary Memorandum for the Open Market Policy Conference, November 14, 1932.

表 3-8　不況期におけるニューヨーク市銀行過剰準備額

過剰準備-ニューヨーク市銀行

期間	総額	所要準備に対する割合
1884 年 - 85 年不況	2,600 万ドルから 6,400 万ドルまで	34％から 67％まで
1893 年 - 94 年不況	3,900 万ドルから 1 億ドルまで	37％から 74％まで
1896 年 - 97 年不況	3,300 万ドルから 5,500 万ドルまで	25％から 38％まで
1908 年不況	3,000 万ドルから 5,800 万ドルまで	11％から 18％まで
1921 年 - 22 年不況	実質的には 0：加盟銀行所要準備の 1.5 倍に等しい連銀借入が返済される。	
1932（7 月以降）	1 億ドルから 3 億ドルまで	14％から 40％まで

（出所）Preliminary Memorandum of the Open Market Policy Conference, January 4, 1933.

不況期をかなり下回っていたことが明らかである。1932 年 7 月以降のニューヨーク市銀行の過剰準備は 1 億ドルから 3 億ドルで，所要準備に対する割合は 14％から 40％までである。両者の数値の最大となる 3 億ドルと 40％でニューヨーク市銀行の所要準備を計算すると，7 億 5,000 万ドルである。この所要準備の水準に基づいて，仮に 1893 年 - 94 年不況期の過剰準備の割合がほぼ最大となる約 75％で過剰準備を計算すると 5 億 6,300 万ドルであり，実際の 3 億という過剰準備はこの数値を大きく下回っていた。

　もちろん，国債担保の発券方式で通貨供給が非弾力的であった国法銀行制度時代の過剰準備と，商業手形担保の発券方式で通貨供給が弾力的である連邦準備制度の下での過剰準備を単純に比較することはできないが，図 3-20 で 1984 年 - 85 年不況，1893 - 94 年不況および大恐慌期のニューヨーク市銀行預金の減少幅が示すように，金融危機の規模からすれば，この時点で以前の厳しい不況期に匹敵する過剰準備の蓄積が必要だったはずである。おそらく連邦準備制度設立そのものが，銀行に対して設立以前のような多額の過剰準備を蓄積しようとするインセンティブを弱めてしまったのかもしれない。そして最後の頼れる貸し手である準備制度は，この 3 億ドル程度の過剰準備の水準に満足してしまい，11 月 15 日の政策会議では買いオペの考慮は全くなかった。

　年末を前にして開催される公開市場政策会議の目的が，常に季節的通貨動

向の対処にあるように，この日の会議での連銀総裁らの議論も主にこの問題に集中した。銀行はかなりの過剰準備を保有しており，そして退蔵された通貨が依然として銀行制度に還流していないことから年末の通貨需要は生じそうもないという理由で，連銀総裁らはこの時点で政府証券購入は必要ではないという意見で一致した。唯一見解の不一致を起こした問題は，12月に売りオペを行うか否かであった。セイ・リッチモンド連銀総裁は，「12月償還の政府証券は借り換えを行わずに流出を認めるべきである」という，売りオペの提案を行い，コーキンズ・サンフランシスコ連銀総裁が，これを正式動議に支持した。しかし今すぐ売りオペを実施することには，多くの連銀総裁は躊躇した。彼らの多くは翌年1月まで売却を見合わせたほうが賢明であると考え，そこでノリス・フィラデルフィア連銀総裁が提出した，「この時点では準備制度の政府証券保有量を変化させるべきではなく，そして1月の第1週に，その時の情勢に照らして準備制度の政策を熟慮するために，公開市場政策会議の別会合を開催することにする」という動議を満場一致で採択した[26]。

この決議を受けて，1933年1月4日に公開市場政策会議は招集された。会合の目的は売りオペを実施するか否かであった。

会合でハリソンは，政府証券保有を現状に維持することも，売りオペを実施することも支持できるとし，その論拠を3点ずつ挙げた[27]。売りオペを正当化できる論拠を要約すると以下のようになる。なお次の(1)，(2)は，年初における銀行制度への通貨還流を前提にしての議論である。(1) 連邦準備制度の公開市場政策は，証券ポートフォリオにある一定量の政府証券を蓄積するためのものではなく，割引の減少および過剰準備の創出を通して信用収縮を阻止するためのものであり，それは成就した。年初は過剰準備を減少させることなく，従って政策を変更させることなく，保有証券を流出できる好機であり，この機会を逃すと，この1年間は政策変更を伴わずに売りオペを実施できなくなる恐れがある。(2) 過剰準備のこれ以上のどの増加も，信用拡張を導く効果をもたないかもしれない。(3) それは動機ではなかったが，

連邦準備銀行が大量の政府証券を購入したことにより，実際には財務省に対して低利で借り入れることを可能にしてしまい，ある程度，不均衡予算の継続を助長した。

他方，政府証券保有の現状維持を正当化できる論拠として，ハリソンは次の３点を挙げた。(1) 政府証券保有の減少は政策の反転と解釈されるかもしれず，それにより議会が過激なインフレ的法案を採用しかねないという危険があるし，また政策の反転と解釈された場合には，現在大量の政府証券を保有している銀行はその売却を開始するかもしれない。(2) 政府証券保有を減少させることは，債券市場の機能の妨害となるかもしれず，従って景気回復を遅らせることに，また銀行の債券ポートフォリオを損なわせることになる。(3) 大量の過剰準備が蓄積された主要センターの銀行は，預金に対する利払いを削減するかもしれないという兆候があり，この利払いの削除で貨幣はより広範囲にわたって流通するであろうから，大量の過剰準備は正当化されうる。

連銀総裁らの見解はまちまちであり，２億ドル程度の売りオペを支持する者もいれば，議会情勢を重視して現状維持を擁護する者もいた。まず，コーキンズ・サンフランシスコ連銀総裁が１億ドルの売りオペの動議を提出した。次いでそれに様々な修正が加えられ，最終的には政策会議は，過剰準備を現状維持する政策を内容とした次の妥協的な決議を採択した。ブラック・アトランタ連銀総裁のみが，政府証券保有のいかなる減少にも賛成できず，この決議に反対票を投じた。

（前略）政策会議の別会合があるまで，実行委員会には，(a) 現在の過剰準備がかなり減少するという結果にならない限り，通貨還流を相殺するために準備制度が保有する短期財務省手形を減少させる権限が与えられるものとし，(b) 必要な場合には，加盟銀行の過剰準備が現在の一般的水準以下に減少するのを防止するのに十分な量の政府証券を購入する権限が与えられるものとする。

また非公式に，この決議が言及する通貨還流に伴う財務省手形売却額は，過剰準備を5億ドル以下にしてはならないことを条件に1億2,500万ドルまでとすることが同意された。同時に購入額についても，制度特別投資勘定での政府証券保有総額が18億5,100万ドル以上になる前に別会合を開くことが取り決められたので，この時点でのその保有額が16億3,960万ドルであることから，実質的には2億1,000万程度に制限された。ただしこの購入も，過剰準備を5億ドルに維持する範囲内で行われるという条件がついた。

　実行委員会は1月に8,080万ドルの売りオペを実施し，2月には初旬に過剰準備が4億5,500万ドルへと低下したので，22日までに7,060万ドルの政府証券を購入した。この時点で銀行制度は三度大量の預金引き出しを受けつつあったが，実行委員会はそれ以上の買いオペを実施しなかった。

　1933年1月4日に開催された公開市場政策会議は，大恐慌期の最後の政策会合となった。3月6日に銀行休日が発令されるまでに，銀行制度は公衆の預金引き出しにより大量の準備を失った。しかしフリードマン＝シュワルツが「銀行休日に先立つ最終2カ月間に準備制度の政策と呼べるものは何もなかった」[28]と言うように，公開市場政策会議は銀行制度の流動性危機に対処するための政策会合を開かなかった。

終章

　これまで43カ月間にわたる米国の大恐慌期における連邦準備制度の金融政策を検証してきた。改めて述べるまでもなく，連邦準備制度は景気が大幅に縮小し，銀行破産が多発する状況にあっても消極的な政策運営に終始した。

　前章で考察したように，大恐慌期の各政策会合に用意された資料は，一貫して不況の厳しさと金融危機に対する不安を記していた。景気後退に突入して間もない1929年11月には「株式市場の整理に起因する購買力の破壊と事業心理の動揺とが原因で，事業活動は一層後退する恐れがある」，1930年1月には「1924年以降のどの年よりも経済指標は大きく低下した」，1930年3月には「景気後退は1924年，1927年よりも厳しくなり，失業も深刻となった」，そして1931年8月には「この国および他の諸国では，厳しい失業と困窮の冬が予想される」と記してあった。1932年11月の政策会合の資料は景気回復を示唆する記述があったが，それ以外の場面では，常に不況の厳しさと景気回復の兆しがないことを指摘していた。また資料は銀行業情勢についても，金融危機の発生直後の1930年12月には「銀行の流動性強化のために証券市場で圧力が高まり，多くの銀行の投資ポートフォリオはかなり減価した」と，1931年11月には「金流出よりも商業銀行に関する展開−大多数の銀行破産，継続的な通貨退蔵そして銀行側の過度の警戒−がより重大となり，現在の銀行業情勢は景気回復に対する支援というより障害をなしている」と記していた。他の場面でも，再三，銀行の流動性問題と証券ポートフォリオの減価について，そしてそれに付随する債券市場の機能停止に言及していた。

重要なのは，毎回会合に用意された資料は不況の厳しさと銀行業情勢の悪化を指摘していたが，時期が深まるにつれて，それらの指摘はより深刻になっていったことである。結局，連邦準備制度は景気後退の早い段階で大胆な緩和政策に着手しなかったために，景気の悪化を許してしまった。そして銀行の流動性問題が生ずると，これも早期に解決するための大胆な政策を実施しなかったので，金融危機の顕在化を許し，そして危機は時間の経過とともにより大規模となり，これが不況の大恐慌への深化を導いてしまった。銀行制度が流動性危機に陥った段階で，「最後の頼れる貸し手」に必要だったハイパワード・マネーを十分に供給する政策を，連邦準備制度が実施しなかったので，最終的には米国の銀行制度は瓦解し，時期を同じくして大不況の底を打った。フリードマン＝シュワルツが断罪したように，また序章で述べたがバーナンキが言及したように，大恐慌を引き起こしたのは連邦準備制度であった。

　なぜ連邦準備制度は景気後退を阻止するために，また金融危機を早期に終結させるために，大胆な金融緩和政策に着手しなかったのであろうか。特に1920年代期より最も重要な政策手段であった公開市場政策を，積極的に追求しなかったのであろうか。

　その理由については第3章の冒頭ですでに指摘し，そしてある程度，連邦準備政策を検証した前章の行論で示唆したが，ここで改めて検討することにする。公開市場政策を積極的に追求しなかった理由として，二つの問題を挙げることができる。これらは第2章で論じた1920年期の連邦準備制度の進展と深く関わっており，一つは公開市場政策に関する権力の分散であり，今一つは政策運営枠組みにおける加盟銀行の連銀借入量の重視である。

　権力の分散の危険を強調したのは，フリードマン＝シュワルツである[1]。彼らは，公開市場政策会議のメンバーだった連銀総裁らを，銀行制度が流動性危機に直面しても，何にどう対処してよいのか解からず，解かろうともせず，解かる資質もない人物と評している。そのなかにあって，米国最大の金融センターに位置し，日々の金融取引に直接関わり，また主要国の中央銀行

との交渉に当たっていたニューヨーク連銀の総裁をはじめとする重役，幹部職員のみが，流動性問題の重大さと，その対処法を理解していた。

1920年代期には，ニューヨーク連銀初代総裁ベンジャミン・ストロングの卓越した見識と指導力で，ニューヨーク連銀が連邦準備制度を率いていた。1928年秋にストロングが死去すると，それまでニューヨーク連銀に反目していた連邦準備局は，ニューヨーク連銀に代わって連邦準備制度内部で主導権を握ることを目論んだ。そして他の多くの連銀も，ニューヨーク連銀の突出した存在の是正に同調した。

事実，第3章で考察したように，連邦準備局は株式市場崩壊後のニューヨーク連銀による単独の政府証券購入に憤慨し，最終的にはニューヨーク連銀に対して準備局の認可なしにこれ以上，政府証券を購入することを禁じた。また，その後，公開市場投資委員会でニューヨーク連銀が提案し，採用された買いオペ計画を，準備局は認可しようとはしなかった。さらに準備局は1930年3月に，それまで東部5連銀の総裁から成る公開市場投資委員会を，全12連銀の総裁へとメンバーシップを拡張した公開市場政策会議に改組し，ニューヨーク連銀の影響力を弱めようとした。

ストロングの後任として総裁に就いたハリソンは有能な行政官であり，1929年秋に景気が後退し始めると，不況を阻止するための買いオペ政策の必要性を十分理解していた。しかし，ハリソンはニューヨーク連銀総裁というストロングの公務を引き継ぐことはできても，彼の準備制度内部での影響力まで引き継ぐことはできなかった。景気が後退し始める1929年秋から1930年半ばまで，ハリソンは政策会議で繰り返し買いオペの提案を行ったが，他の連銀総裁らを説得できず，買いオペは実施されなかった。従って，フリードマン＝シュワルツによると，もし1929年秋にストロングが生きていれば，迫りくる流動性危機を事前に察知し，早い段階で大規模な買いオペ政策を準備制度に採用させ，これにより流動性危機を未然に防ぎ，大恐慌は生じなかったであろうと結論している。

ストロングが大恐慌期の連邦準備政策の意思決定に関わっていない以上，

この結論は憶測の域を出るものではなく評価しようがないが，分散した権力構造の下での意思決定が優柔不断となり，迅速で大胆な政策遂行の障害となったのは事実である。前章の検証で明らかなように，1932年春から夏までの買いオペ政策を別にすると，政策会議の決定の多くは現状を維持することであり，仮に買いオペ政策が採用されても，この政策に賛成する連銀総裁と反対する連銀総裁が妥協できるような規模であった。またその実施についても，他の緩和手段を試みた後に，あるいは次回の会合後に行うというように迅速性を欠いていた。

　他方ニューヨーク連銀の影響力を引き下げようと目論んだ連邦準備局は，景気後退の早い段階から積極的な緩和政策を支持していた。特に1930年9月にロイ・ヤングに代わって総裁に就いたユージン・メイヤーは，政策会議による現状維持の決定と，買いオペが取り決められた場合でも，その規模が小さいことに相当の不満を抱いていた。しかし，彼は連邦準備局総裁という自らの責任で，より大規模な買いオペ政策の実施を政策会議に強引に求めることはなかった。結局，分権化された政策会議の下では，公開市場政策についての責任の所在が曖昧のため，政策運営に誰も責任を負おうとしなかった。その結果，金融緩和の推進について内部で見解の相違が生ずると，政策会議は大胆な緩和策を採用できず，現状を維持するという決定をしがちであった。

　もう一つの失策の原因と考えられる，加盟銀行の連銀借入を重視する1920年代期の政策運営の枠組みについて見ていくことにしよう。ブルンナー＝メルツァーによると，大恐慌期の初期の段階で，準備制度が実際に実施した買いオペ規模以上の大胆な政策を追求しなかった理由に，ストロングの死という特別な理由は必要ない[2]。1924年と1927年の緩和政策時の買いオペと，1929年秋から1930年夏までの大恐慌初期の買いオペを比較すると，この三つの期間に購入された政府証券量に大差はなく，また購入開始から終了までの期間もほぼ同じであった。このように，三つの期間に実施された買いオペ政策に違いはなかった。その理由は，準備制度が短期市場利子率を運営指針として重視していたからである。どの期間を見ても，買いオペにより短期利

子率はかなり低下し，その結果，金融は十分に緩和されたという判断から買いオペ政策が終了している。逆に言うと，短期利子率を重視した緩和策であるために，買いオペの開始時期，政府証券の購入量および購入期間が，三つの景気後退期とも同じ経過をたどったということである。よって，ブルンナー＝メルツァーは，1920年代期と1930年代初期に追求された連邦準備政策に変わりはなく，経済や金融の客観情勢が大きく変化していた1930年代初期においても，短期利子率を運営指針として重視していたことが，準備制度の誤りであったと結論している。ウイッカーとウイーロックも同様に，1920年代期と1930年代初期における連邦準備制度の金融政策の一貫性を主張している[3]。

　これまでの検証から明らかなように，ブルンナー＝メルツァーの指摘通り，1930年代初期に短期市場利子率が大幅に低下すると，政策会議のメンバー等の金融情勢の判断は，十分緩和されたというものであった。そして一部のメンバーは，銀行制度に過剰準備が蓄積され始めると，過度に緩んだ状態を矯正すべきであると考えるようになった。ブルンナー＝メルツァーは，金融危機が発生する以前の1930年夏までの準備制度の政策を検証しているが，その後の大恐慌期間を見ても，政策会議によるこの「金融は十分に緩和された」という判断は，1931年9月におけるイギリスの金本位制離脱後の一時期を除いて一貫していた。

　政策会議が短期利子率に注目していたのは確かであるが，直接の量的指標として最も重視していたのは，その増減が短期利子率の変動を導く加盟銀行の連銀借入量であった。実際に1929年秋から開始される買いオペ政策は，「加盟銀行の割引総額の増加を回避する，また可能ならば減少を促進する」という目的であった。1932年春からの大規模な買いオペ政策時も，「現在の加盟銀行の割引量は，おそらく戦時期間を除くと，常にデフレ的であることが判明しているし，また現在の敏感な心理では，割引の負担が今と同じぐらい大きい限り，デフレーションの中断は起こりそうもない。」という判断からであった。

終章　169

終表1　買いオペ政策期間の政府証券，割引および金利の変化

	政府証券（月末残）	100万ドル 割引（月末残）	％ 市場金利（CPレート）
1923年10月	92	884	5.38
1924年10月	584	264	3.13
変化	＋492	－620	－2.25
1929年9月	162	958	6.25
1930年6月	591	272	3.50
変化	＋429	－686	－2.75
1932年2月	740	828	3.88
1932年8月	1852	433	2.25
変化	＋1112	－395	－1.63

（出所）*Banking and Monetary Statistics,* pp.374-376, pp.450-451.

　加盟銀行の連銀借入量を考慮して，1924年の不況期と大恐慌期の買いオペ政策を比較したものが，終表1である。大恐慌期の買いオペ政策の発動は，1931年夏に金不胎化を是正するためのマイナーな購入はあったが，大筋で言えばニューヨーク株式市場の暴落後の1929年10月から1930年6月までと，イギリスの金本位制離脱後に金融逼迫が生じていた1932年3月から8月までである。

　1923年11月から1924年10月までの買いオペと，1929年10月から1930年6月までの大恐慌初期の買いオペの政策効果は，ほとんど同一である。ともに割引が9億弱と9億5,000万ドルという高水準にある時点で買いオペ政策は開始され，準備制度は1924年には約5億ドル，1930年初期には約4億3,000万ドルの政府証券を購入した。金流入や買入手形の増大とあいまって，これらの買いオペで割引は1924年には6億2,000万ドル減少し，市場利子率は2.25％ポイント低下した。1930年時には割引は7億ドル近く減少し，市場利子率は2.75％ポイント低下した。2億ドル近辺の割引残と3％付近の市場利子率（CPレート）は，それまでの準備制度の歴史において，ほぼ最低水準である。明らかに1924年も1930年も，このように買いオペによって

割引が大幅に減少し，そして市場利子率が急速に低下したことで金融は十分緩和されたという判断から，買いオペ政策は終了した。

　1932年3月から8月までの大規模な買いオペ政策も，各数値の基本的な動きは同じである。この期間に準備制度は約11億ドルの政府証券を購入し，上記の両期間ほどではないが約4億ドルの割引の減少を導き，それに伴い市場利子率は1.63％ポイント低下した。

　1920年代期よりの準備制度の政策運営枠組みに従えば，この買いオペ政策を終了させた1932年8月末の4億3,300万ドルの割引残は，他の二つの期間の買いオペ終了時の割引残より高水準であり，本来ならば，それをさらに減少させるために政府証券購入が継続されても何ら不思議はなかった。しかし前章で見たように，主要金融センターでの過剰準備の蓄積が目立ち，これ以上の買いオペによる連邦準備信用の増加は，割引の減少よりも過剰準備の一層の増大をもたらすという判断から，購入は継続されなかった。興味深いことに，ストロングは1926年に1924年の買いオペ政策について，次のように議会で証言している。「回顧してみると，［政府証券購入量の］指針は，ニューヨークの諸銀行が債務から完全に免れたかどうか，あるいは調整装置ほどのわずかな額を，なおわれわれに負っていたかどうかであったと，私は考えている。われわれは，ニューヨークの諸銀行が，われわれからの借入を完全に清算してしまった後まで購入しつづけた。（中略）われわれは，それを越えてまで購入を推し進めた点で，誤りを犯したかもしれない。」[4] このような考えに基づくと，1932年8月の4億3,300万ドルの割引残は，主要金融センターでの過剰準備の蓄積を考慮すると，割引の減少を導くために実施された買いオペ政策の限界を示す水準と，政策会議が考えたのは妥当だったと思われる。

　この期間の公開市場政策は，議会の圧力で実施された大規模な買いオペ政策と言われるが，当時の割引残が8億ドル以上であったという状況から言うと，10億ドル規模の買いオペは1920年代期の政策運営の自然な適用である。決して大規模と呼べるほどの購入でもなければ，これまでの政策運営の枠組

みを逸脱するような大胆な購入でもない。もし，その当時の割引残が8億ドルでなく10億ドル以上あったとすれば，さらなる規模の買いオペ政策が計画されたはずである。

　結局，経済・金融情勢が以前の不況期間と比較にならないほど悪化していても，連邦準備制度は，政策意思決定過程で様々な曲折はあったが，結果的にはそれまでの加盟銀行の連銀借入量と短期利子率を重視する政策運営の枠組みに固執し，この枠組みで大恐慌期の政策にあたった。これが災難をもたらした。

　割引や短期利子率の重視という政策運営から離れて，他の金融指標を重視する代替的な政策を採用しうる機会は，大恐慌期に二度あった。一度目は1930年6月から9月にかけてである。この時，ハリソンは政策会議で，債券市場の活性化なしには景気回復は生じず，そして債券購入を促進するためには，主要センターの加盟銀行に過剰準備の発生を認めるくらい十分な量の連邦準備信用を供給する必要があると主張し，買いオペ政策を提案していた。連邦準備局も同意見であった。準備局のミラーは，利子率が低下したことで金融緩和は十分に達成されたと判断していた政策会議に対して，不況期には金利は誤った指標となると述べ，買いオペによる債券市場の活性化を擁護していた。しかし，1931年に入り過剰準備の蓄積が進み，これが銀行信用の拡張のベースとして利用されない状況になると，ハリソンは加盟銀行との間で過剰準備の活用に関する何らかの了解がなければ，政府証券購入を躊躇すると述べていたように，買いオペ政策に消極的となった。

　債券市場の活性化を図るということは，当然，長期利子率の低下に通じるものである。終図1は，大恐慌期の長短利子率の推移を表したものである。1929年秋から1931年夏までに短期利子率は大幅に低下したが，国債と事業債の利回りは，銀行の流動性問題が発生する前の1930年10月までにわずかに低下しただけで，流動性危機が生ずるとその後は上昇傾向に転じた。もし，1930年の早い時期に政策会議が債券市場の活性化を念頭に，政策目標を長期利子率に置き，その引き下げを試みていたならば，景気の悪化を防止でき

終図1 長短利子率

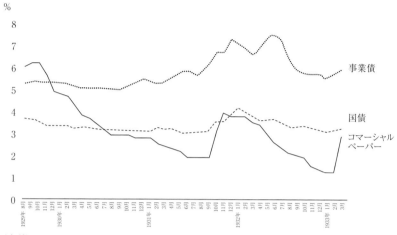

（出所）*Ibid,* pp.450-451, pp.469-470.

たかもしれない。そして，長期利子率の低下を誘導するには，当時議論されていた以上の規模の買いオペでハイパワード・マネーを銀行制度に供給する必要があった。仮にこのような政策で景気回復が生じなかったとしても，買いオペで銀行制度に蓄積される大量の準備は，1930年11月以降の流動性危機の程度を大幅に緩和したであろう。実際には銀行が流動性強化のために債券を大量に売却したので，長期利子率特に事業債の利回りは大幅に上昇してしまった。

　もう一つの代替政策を採用する機会は，1932年春から夏にかけての10億ドル規模の買いオペ政策時であった。上述したように，この買いオペの目的は加盟銀行の連銀借入の減少を導くことであった。しかし，連銀借入の減少よりも主要金融センターで加盟銀行の過剰準備の蓄積が進むと，操作の目標を割引の減少ではなく過剰準備の維持に置くようなった。1932年6月の政策会議の合意は，「加盟銀行の過剰準備を2億5,000万ドルから3億ドルまでの数値に維持できるのに十分な量の政府証券購入は行われるべきである。」

というものであった。その後の金流入で，銀行制度は約6億ドルの過剰準備を保有するようになった。この過剰準備の増加とともに，景気は明らかに改善の兆候を示した。しかし，政策会議は，この過剰準備が銀行信用の拡張効果を持たないと考え，それ以上増加させることには全く配慮しなかった。当座は銀行信用の拡張効果がなくても，過剰準備の蓄積が景気の改善に有益であることが確認されたのであれば，準備制度は買いオペ政策の継続で過剰準備の一層の増加を目指すべきであった。しかし前章で見たように，過剰準備という操作対象を，現代のタームで言えば量的緩和政策に繋げることはできなかった。

以上検討してきた二つの代替政策，すなわち長期利子率の低下を誘導する政策もしくは量的緩和政策を，準備制度が実施できなかった理由は，政策決定に関する権力の分散と，連銀借入量を重視する政策運営の枠組みへの固執である。従って，大恐慌期の連邦準備政策の考察から教訓めいたことを言えば，次の通りである。経済・金融活動にそれまでにない客観情勢の変化が生じた場合，例えば金融危機時において，中央銀行の金融政策にとって大切なことは，従来の政策運営の枠組みに固執せず，新たな枠組みの下で大胆な政策を実施すること，そしてその実現のためには強力なリーダーシップで中央銀行政策を率いる人物が必要なことである。

ここで改めて言うまでもなく，多くの国ではこの教訓を学んでいる。米国についていえば，1935年銀行法で連邦準備局は連邦準備制度理事会に改組され，連邦準備制度の最高意思決定機関となった。そして歴代の連邦準備制度理事会議長は，強力なリーダーシップで連邦準備制度を率いている。そしてサブプライム金融危機時の2008年におけるリーマンショックの際には，序章で述べたがバーナンキ議長は「1930年代にFRBが犯した失態を二度と繰り返さないことを硬く心に決めていた」ように，伝統的な金融政策と言われる，それまでの政策金利の誘導を放棄し，大量のハイパワード・マネーを供給する量的緩和政策に舵をきった。他の先進国でも，リーマンショック後は量的緩和政策を採用している。

今後も金融環境の変化で一国経済が危機に直面した時には，中央銀行は従来の政策運営の枠組みに固執することなく，また総裁や議長の強力なリーダーシップの下，柔軟で大胆な金融政策を遂行するであろう。だが，もしこのような時に，何らかの理由で不断の政策が繰り返されるようであれば，今一度，本書で考察した大恐慌期における連邦準備政策の意思決定過程を想起すべきである。

注

序章，第 1 章

1) ティモシー・F・ガイトナー著，伏見威蕃訳『ガイトナー回顧録　金融危機の真相』日本経済新聞出版社，2015 年 8 月，152 頁。
2) ベン・S・バーナンキ著，小此木潔監修・翻訳『危機と決断（上）（下）』角川書店，2015 年 12 月，上巻 92 頁。
3) Friedman, M., and A.J. Schwartz, *A Monetary History of the United States, 1867-1960,* Princeton, Princeton University Press, 1963. 本書はフリードマン＝シュワルツによるこの著書の第 7 章，The Great Contraction 1929-1933, から多くのことを学んでいる。この 7 章については久保恵美子氏による次の翻訳書がある。『大収縮 1929－1933』，日経 BP 社，2009 年 9 月。あとがきで述べているが，本書は筆者が 1997 年に執筆した博士論文『大不況期における米国連邦準備制度の金融政策』をベースに，大恐慌時の米国金融政策について新たに書き下ろしたものである。ただし，上記のフリードマン＝シュワルツの著書からの引用文は，博士論文のものを使っている。この点，訳者の久保恵美子氏にはお許しをこうむりたい。
4) バーナンキ，前掲訳書，下巻 182 頁。
5) Friedman and Schwartz, *op, cit.*, p.407.
6) 侘美光彦『世界大恐慌－1929 年恐慌の過程と原因－』御茶の水書房，1994 年，39 頁。
7) ケインジアンの大恐慌に関する代表的な研究としては，Temin, P., *Did Monetary Forces Cause the Great Depression?.,* New York, W.W. Norton, 1976, がある。
8) 工業生産指数は，*Federal Reserve Bulletin,* August, 1940, pp.764-765. 卸売物価については，*Annual Report of the Federal Reserve Board* for 1933, p.251, を参照した。
9) 大恐慌期の銀行破産については，平田喜彦『アメリカの銀行恐慌 1929～1933 年－その過程と原因分析－』御茶の水書房，1969 年，で詳細な議論が展開されている。
10) *Annual Report of the Federal Reserve Bank of New York* for 1930, p.6.

11) Friedman and Schwartz, *op, cit.*, p.310.
12) フリードマン＝シュワルツは，合衆国銀行は破産後の金融情勢が悪化した期間に，その調整債務の83.5％を返済したことから基本的には不健全な銀行ではなかったと論じている。*op, cit.*, p.355. しかし，ガーバー＝ワイズブロットによると，破産の原因は関係諸法人に対する複雑な形態をとった不正融資にある。P・M・ガーバー／S・R・ワイズブロット著，吉野直行・真殿達・渡邊博史監訳『アメリカ金融論入門』，日本評論社，1994年6月，305-308頁。
13) 平田，前掲書，147-153頁。
14) Friedman and Schwartz, *op, cit.*, p.307.
15) Memorandum at the Federal Reserve Bank of New York, dated December 8, 1931, in Chandler, L.V., *American Monetary Policy 1928-1941*, New York, Harper & Row, 1971, p.179. 以下，本書で引用する連邦準備制度関係の報告および資料等の邦訳の［　］内は，本書の筆者によるものである。
16) Preliminary Memorandum for the Open Market Policy Conference, January 11-12, 1932 in Kesaris, P., ed., *Papers of the Federal Reserve System, Part II, Minutes of Meetings of the Federal Open Market Committee, 1923-1975*, Microfilm, Frederick, University Publication of America, 1983. 以下，本書で引用および参照している公開市場投資委員会もしくは公開市場政策会議の議事録（Minutes），会議資料（Preliminary Memorandum），および操作報告（Report of Open Market Operation）等は，このペーパーに収録されているものである。以下，引用・参照に当たっては収録されているペーパーの表題のみを記すことにする。
17) Friedman and Schwartz, *op, cit.*, p.346.
18) *Ibid.*, p.302.
19) Bernanke, B.S., "Nonmonetary Effects of the Financial Crisis in the Propagation of the Great Depression," *American Economic Review*, Vol.73 June 1983, pp.257-279. この論文は次の著書に収録されている。Bernanke, B.S., *Essays on the Great Depression*, Princeton, Princeton University Press, 2000.（ベン・S・バーナンキ著，栗原潤・中村亨・三宅敦史訳『大恐慌論』日本経済新聞出版社，2013年）
20) バーナンキ，前掲訳書，下巻168頁。
21) 以下，Goldenweiser, E.A., *American Monetary Policy,* New York, McGrow-

Hill, 1951, pp.156-160.
22) *Federal Reserve Bulletin,* September, 1937, p.688.
23) Chandler, *op, cit.,* p.229.
24) *Ibid.,* p.232.
25) *Annual Report of the Federal Reserve Board* for 1932, pp.19-20.
26) バーナンキ，前掲訳書，下巻 196 - 198 頁。
27) *Federal Reserve Bulletin,* March, 1932.
28) Minutes of the Open Market Policy Conference, August 11, 1931.
29) Friedman and Schwartz, *op, cit.,* pp.401-406.
30) Luckett, D.G., *Money and Banking,* 3ed., New York, McGrow-Hill, 1984, p.299.

第2章

1) 日本銀行調査局訳「連邦準備法」，昭和32年9月，概要2頁。なお制定当初の連邦準備法は連邦準備局第1年次報告に全文掲載されている。*Annual Report of the Federal Reserve Board* for 1914, pp.25-44.
2) 1935年銀行法に基づく連邦準備法の修正で連邦準備局は連邦準備制度理事会に改組された。この修正により連邦準備制度理事会には様々な権限が授与され，連邦準備制度の最高意思決定機関としての地位が確立されたが，この地位の確立は連邦準備局から連邦準備制度理事会への名称の変更によっても端的に表されている。それまで連邦準備局（Federal Reserve Board）の5名の委員のうち最高の役職を表す総裁（governor）は1人であり，残る4名は単なる委員（member）であった。連邦準備制度理事会（Board of Governors of the Federal Reserve System）では7人の委員全員が総裁である（したがって連邦準備制度理事会は正式には理事会ではなく総裁会である）。他方，1935年銀行法以降，連邦準備銀行の総裁は頭取となり，統治者から単なる機関の長といった意味合いの役職名に格下げされた。
3) Chandler, L.V., *Benjamin Strong, Central Banker,* Washington, D.C., Brookings Institution, 1958. 以下，公開市場投資委員会の設立・発展に関する本論の記述はこの著書に依っている。
4) 詳しい議論は，*Annual Report of the Federal Reserve Board* for 1933, p.44, を参照されたい。
5) Chandler, *op, cit.,* pp.214-215.

6) 現在の中央銀行制度からみると，連銀が収益目的で政府証券を購入することは理解しがたいが，19世紀に第1次合衆国銀行および第2次合衆国銀行の営業免許の失効により，中央銀行の解体を二度も経験した米国では，これを繰り返さないためにも加盟銀行の資本拠出によって設立された連銀にとって，当初，配当を支払うために収益を確保するという問題は切実であった。
7) 米国で銀行引受手形市場が形成された経済・歴史的背景，およびそこで連邦準備制度の果たした役割については，山本栄治『基軸通貨の交替とドル―「ドル本位制」研究序説』有斐閣，1988年，27－33頁，を参照されたい。
8) 当時銀本位制度にあったインドへの銀地金の輸送を計画したイギリスは，米国財務省から銀を購入した。この銀売買には1918年4月に制定されたピットマン法に基づいて連銀が銀証券を流通から還流させ，それをピットマン証券と交換に財務省へ移転し，財務省はこの銀証券を償還すると同時に保有する銀地金をインドに輸送するという方法がとられた。連銀は流通から引き揚げられた銀証券に代えてピットマン証券を発券担保とする連邦準備銀行券（財務省通貨）を漸次発行した。
9) Friedman and Schwartz, *op. cit.*, p.232.
10) Chandler, *op. cit.*, p.209.
11) *Ibid.*, p.209.
12) *Ibid.*, p.210.
13) *Ibid.*, p.219.
14) *Ibid.*, p.234.
15) *Ibid.*, p.227.
16) *Ibid.*, p.228.
17) *Ibid.*, p.228.
18) この手続きについては，公開市場投資委員会の各会合に用意された公開市場操作報告（Report of Open Market Operation）から知ることができる。
19) 1935年銀行法による連邦準備法の修正点については，*Annual Report of the Board of Governors of Federal Reserve System* for 1935, pp.5-7, を参照した。
20) ちなみに，公開市場政策の連邦準備制度理事会への集権化について言えることは割引政策についても同様である。制定当初の連邦準備法は，連邦準備銀行に「連邦準備局の検討と決定を条件に割引率あるいは割引諸利率を設定する」権限を与えている（第13条［2］）。ここから示唆される割引率確定のた

めの手続きは，各連銀が連邦準備局に対してそれらが望む水準で設定した割引率を申請し，準備局はその検討後にこれを認可あるいは却下するということである。これでは公開市場政策と同様，施策に行き詰まりが生じる。連銀の申請を準備局が認可しない限り割引率は変更されえないし，準備局が割引率の変更を望む場合にも連銀からの申請がない限りこれもまた変更は不可能である。

　本論では触れないが，連邦準備制度内部で割引率を確定する権限の所在が明確でないために割引政策が麻痺するという事態が，第1次世界大戦後の商品投機によりインフレが発生した1919年と，株式投機が過熱した1929年に生じた。戦後インフレ期にニューヨーク連銀は商品投機を抑制するために割引率の引き上げを連邦準備局に申請したが，準備局はこれが財務省の財務省証書の借り替え操作に不都合を与えるという理由で認可しなかった。1929年の場合も事態は同じで，ニューヨーク連銀は株式投機抑制のために割引率の引き上げを繰り返し準備局に申請したが，準備局は引き上げが生産目的での連邦準備信用の利用を制限するという理由でことごとく却下した。これとは逆に1927年に準備局は，ポンド支援のために国際協調政策の一環として採用された米国での低金利政策を徹底するために，割引率の引き下げに反対し続けたシカゴ連銀に対して最終的にその引き下げを命じた。これが準備局の越権行為であることは，連邦準備制度内部においてのみならず議会においても問題視された。

　1935年銀行法によって，連邦準備銀行は「40日ごと，あるいは連邦準備制度理事会が必要と思う場合には，より頻繁にそのような利率を設定すべし」（第14条［5］）という条項が連邦準備法に加えられた。これにより連邦準備制度理事会には，連銀に対して穏やかにいえば割引率を見直させ，露骨にいえばその変更を強要できる法的権限が確立した。

　1930年代の連邦準備制度の中央集権化をめぐる議論は，Weyforth, W.O., *The Federal Reserve Board,* Baltimore, Johns Hopkins Press, 1933, に詳しい。

21) *Annual Report of the Federal Reserve Board* for 1923, pp.30-31.
22) Chandler, *op, cit.,* pp.189-194.
23) *Annual Report of the Federal Reserve Board* for 1916, p.68.
24) B・H・ベックハート著，矢尾次郎監訳『米国連邦準備制度』東洋経済新報社，1978年，105頁。

25) West, R., *Banking Reform and the Federal Reserve 1863-1923*, Ithaca, Cornell University Press, 1977, p.197.
26) 第1次世界大戦期の金融政策については次の文献を参考にした。*Annual Report of the Federal Reserve Board* for 1917, 1918, 1919. Chandler, *op, cit.*, pp.99-133. 加藤正秀「第一次大戦期におけるアメリカの通貨金融政策」立正大学『経済学季報』第16巻1号，1966年。小林清人「連邦準備制度と金融政策の形成－第1次大戦後のアメリカ金融市場の構造（1）」法政大学『経営志林』第7巻1号，1970年4月。
27) 詳しい議論は，*Annual Report of the Federal Reserve Board* for 1916, pp.2-3, を参照されたい。
28) Chandler, *op, cit.*, pp.195-198.
29) Board of Governors of the Federal Reserve System, *Banking and Monetary Statistics, 1914-1941*, 1943, p.521.
30) *Annual Report of the Federal Reserve Board* for 1923, p.33.
31) *Annual Report of the Federal Reserve Board* for 1923, p.32.
32) この点について小林氏は次のように論じている。「もともと中央銀行の政策は，金動向によってバンク・レートを操作するのが本筋であるといっていい。少なくとも，いわゆる古典的帝国主義段階までのイングランド銀行の政策はそうであった。中央銀行が銀行の金準備を集中したものであるとすれば，準備の動向がバンク・レートに反映するのは当然である。そしてそれは割引，金移動の市中での動きによって規定されるわけである。いい換えれば，市中金融の繁緩が金移動を通じて中央銀行準備に反映し，その変動に応じて中央銀行のバンク・レートが動かされる関係にあったのである。したがって，中央銀行の『政策』は金融市場の動向に支配され，金準備を基準として自動的に運営されるメカニズムをなしていたのである。より正確にいえば，中央銀行の政策が金融『政策』として意識されるのは，このようなメカニズムの機能の喪失を意味するものなのである。」前掲論文，86頁。
33) Chandler, *op, cit.*, p.238.
34) このような連邦準備制度の加盟銀行に対する直接圧力に関する歴史的経緯については，Mckinney, Jr, G.W., *The Federal Reserve Discount Window*, New Brunswick, Rutgers University Press, 1960, を参照されたい。
35) *Annual Report of the Federal Reserve Bank of New York* for 1924, pp.13-14.

36) 政府証券操作が加盟銀行の連銀借入の変動をもたらし，市場金利に影響を及ぼすという政策波及効果を詳細に議論したものに，次の文献がある。Burgess, W.R., *The Reserve Banks and Money Market*, New York, Harper & Brothers, 1927, および Riefler, W.W., *Money Rates and Money Market in the United States*, New York, Harper & Brothers, 1930. バージェスは，ニューヨーク連銀副総裁として，リーフラーは連邦準備局の幹部職員として1920年代期の連邦準備政策に携わり，上記の著書を刊行している。ブルンナー＝メルツァーは，この政策波及効果をリーフラー＝バージェス・ドクトリンと呼んでいる。Burunner, K, and A.H. Meltzer, "What Did We Learn from the Monetary Experience of the United States in the Great Depression?", *Canadian Journal of Economics*, May 1968, pp.334-348. リーフラー＝バージェス・ドクトリンに関するより詳しい議論は，拙稿「リーフラー＝バージェス・ドクトリン再考－大不況期の連邦準備政策との関連で－」下関市立大学『下関市立大学論集』第44巻第1号，2000年5月，を参照されたい。
37) Report of the Open Market Investment Committee to the Governor's Conference, March 22, 1926.
38) 金融政策運営のアプローチについては，重原久美春編著『金融理論と金融政策の新展開』有斐閣，1992年，49－61頁を参照した。
39) 以下，季節的通貨需要と連邦準備政策については，Friedman and Schwartz, *op, cit.*, pp.292-296, を参考にしている。
40) 連邦準備制度の設立過程を研究した文献は多数あるが，ここでは主に以下の文献を参照した。小野英祐「連邦準備制度の設立過程（1）～（4）」立正大学『経済学季報』第20巻第1・2号，1971年3月，第21巻3・4号，1972年10月，第22巻第1・2号，1973年2月，第22巻3・4号，1973年3月。須藤功「合衆国貨幣市場の国際的位置と連邦準備制度の設立」藤瀬浩司・吉岡昭彦編『国際金本位制度と中央銀行政策』名古屋大学出版会，1987年。高山洋一「第一次世界大戦前米国の通貨と金融」酒井和夫・西村閑也編『比較金融史研究』ミネルヴァ書房，1992年。西川純子・松井和夫『アメリカ金融史』有斐閣，1989年。

第3章第1節

1) Friedman and Schwartz, *op, cit.*, pp.407-413.

2）全米経済研究所のデータについては，侘美光彦，前掲書，9頁，1-2表を参照した。
3）通常，連邦準備制度の債務である連邦準備券（通貨）と連邦準備預金（加盟銀行準備）は，中央銀行の負債（源泉）として貸記入され，連邦準備の保有する政府証券等は資産（用途）として借記入されるが，ここではこの統計に関する次の解説文に従って表を作成している。「連邦準備信用，金ストック，財務省通貨は準備資金の主要な源泉とみなされ，他の項目はこれらの資金の利用を反映しているとみなされてよい」(*Banking and Monetary Statistics*, p.361)。よって表3-1は通常のバランスシートと異なる点に注意を要す。
4）Report of the Secretary of the Open Market Investment Committee to the Meeting of the Committee on September 24, 1929.
5）以下，本論で言及する加盟報告銀行の貸付・投資の月次データは，*Annual Report of the Federal Reserve Board* for 1933, p.184, Table 86, による。なお1928年～29年の加盟報告銀行信用の増加率については，第2章の図2-4も参照されたい。
6）以下，本論で言及する工業生産指数と卸売物価指数のデータは，断りのない限り第1章注8のそれらと同じ。
7）フリードマン＝シュワルツは，このあと本論で述べるように連邦準備局が1930年度の金融政策を「緩和政策」と表したことを，次のように批判する。「14カ月間にマネーストックが，以前の54年間に四度の機会だけに，さらには極度に厳しい景気循環の諸々の縮小期間だけに凌駕されるパーセンテージで減少するのを許した政策を『金融緩和』と表すのは逆説的のように思われる。そして，他の諸要因はマネーストックを拡張しがちにしていたので，潜在的拡張が連邦準備信用の減少によって現実の縮小にまるまる変換された場合には，それらの言葉はとりわけ逆説的のようである。経済および貨幣市場に当時発生していた諸変化の背景からは，追求された政策は金融『緩和』ではなく『引き締め』の一つとみなされるべきである。」Friedman and Schwarz, *op, cit.*, p.375.
8）*Annual Report of the Federal Reserve Board* for 1930, p.1.
9）日本では，バブル経済崩壊後の岩田規久男氏と翁邦雄氏によるマネーサプライ論争が，当時話題となった。岩田規久男「「日銀理論」を放棄せよ」，『週刊東洋経済』1992年9月12日号，東洋経済新報社。翁邦雄「日銀理論は間違っ

ていない」,『週刊東洋経済』1992 年 10 月 10 日号,東洋経済新報社。
10) 以上, Report of the Secretary of the Open Market Investment Committee to the Meeting of the Committee on September 24, 1929, による。
11) 以下, Minutes of the Meeting of the Open Market Investment Committee, September 24, による。
12) *Annual Report of the Federal Reserve Bank of New York* for 1929, p.8.
13) Chandler, L.V., *American Monetary Policy 1928-1941*, New York, Harper & Row, 1971, p.79.
14) Friedman and Schwartz, *op, cit.*, p.364.
15) Chandler, *op, cit.*, p.79.
16) Friedman and Schwartz, *op, cit.*, p.364.
17) Preliminary Memorandum for the Open Market Investment Committee, November 12, 1929.
18) Minutes of the Open Market Investment Committee, November 12, 1929.
19) Chandler, *op, cit.*, p.81.
20) ハリソンが書き留めた手記による。Friedman and Schwartz, *op, cit.*, p.330.
21) Report of the Secretary of the Open Market Investment Committee to the Meeting of the Committee on January 28, 1930.
22) Minutes of the Open Market Policy Conference, September 24, 1930.
23) Preliminary Memorandum for the Open Market Investment Committee, January 28, 1930.
24) 以下, Minutes of the Open Market Investment Committee, January 28-29, 1930, による。
25) Friedman and Schwartz, *op, cit.*, p.330.
26) *Ibid.*, p.371.
27) *Ibid.*, p.372.
28) *Annual Report of the Federal Reserve Bank of New York* for 1930, p.8.
29) Report of the Secretary of the Open Market Investment Committee to the Meeting of the Committee on March 24, 1930.
30) Preliminary Memorandum for the Open Market Investment Committee, March 24-25, 1930.
31) Minutes of the Open Market Investment Committee, March 24-25, 1930.

32) *Ibid*.
33) Friedman and Schwartz, *op, cit.*, p.366.
34) Chandler, *op, cit.*, p.52.
35) Letter of the Federal Reserve Bank of New York to Governor Young, May 15, 1930.
36) Minutes of the Open Market Policy Conference, May 21-22, 1930.
37) *Ibid*.
38) Report of the Open Market Operation to the Meeting of the Open Market Policy Conference Held in Washington during Governor's Conference, September 24, 1930.
39) Letter of the Federal Reserve Bank of San Francisco to Governor Young, June 16, 1930.
40) 以下, Preliminary Memorandum for the Executive Committee of the Open Market Policy Conference, June 20, 1930, による。
41) Minutes of the Meeting of the Executive Committee of the Open Market Policy Conference, June 20, 1930.
42) 以下, Memorandum Read by Governor Norris at the Meeting of the Open Market Policy Conference, September 25, 1930, による。
43) Report of the Open Market Operation to the Open Market Policy Conference Held in Washington during Governor's Conference, September 24, 1930.
44) Report of the Open Market Operation to the Meeting of the Open Market Policy Conference, January 21, 1931.
45) 以下, Office Correspondence, Federal Reserve Board, from Mr. M$_c$clelland to Governor Meyer, による。この準備局の伝達書の内容は, 1930年9月25日の公開市場政策会議後に開催された準備局と連銀総裁らとの合同会合の議事録である。
46) Friedman and Schwartz, *op, cit.*, pp.370-371.

第3章第2節

1) 1930年末期の緊急通貨需要は, 銀行準備を流出させることなく, また金利を上昇させることなく, 連邦準備信用の増大で賄われたので, 連邦準備当局の一般向けの論評は銀行の流動性問題については楽観的であり, 流動性問題に

対する連邦準備制度の対処法については満足げであった。例えばニューヨーク連銀の年次報告は次のように伝えている。「この緊急事態はまさに準備制度に対処するように意図されたことの典型であったが，この全エピソードは，規模および性質双方の点で，連邦準備制度の作用に関して新たなテストを提供した。連邦準備法を構想した人々は，1907年恐慌時の通貨需要の点から，いわば準備制度の歴史を通して以前のどの時点よりもこの12月のそれにほぼ近い通貨需要の点から，思慮をめぐらしていた。準備制度の便宜は，この需要を迅速かつ効果的に満たすのに十分だった。」*Annual Report of the Federal Reserve Bank of New York* for 1930, p.9.

2) テミンは，1980年代末の統計的分析道具を身につけた観察者であれば，当時の予想者が用いた時系列をもっとうまく活用できたはずであるという仮定の下，遡及的に編集された，いくつかのデータ・シリーズを追加して当時の景気予測を行ったドミンゲス＝フェア＝シャピロの研究を取り上げ，その結果について次のように述べている。「修正された予測は，歴史上のそれにくらべてまったく改善されていない。現代の分析道具と拡張されたデータ・ソースをもってさえ，1929年，30年の時系列データは，よい時代は終わったのだという結果を示唆しないのである。1929年時点の予測は景気下降を示しておらず，30年時点の予測には急速な景気回復が示されている。」「1930年半ばないし末頃に始まる予測は，デフレーションが続くと予言していない。デフレーションは終わったという，広く行きわたった見方をこれらの予測はいっそう強めたのである。」P・テミン著，猪木武徳・山本貴之・鳩沢歩訳『大恐慌の教訓』東洋経済新報社，1994年，79-80頁。

3) Preliminary Memorandum for the Open Market Policy Conference, January 21, 1931.

4) 1930年1月21日に開催された公開市場政策会議でのハリソン・ニューヨーク連銀総裁の発言。Minutes of the Meeting of the Open Market Policy Conference, June 21, 1931.

5) Memorandum for the Executive Committee of the Open Market Policy Conference, December 20, 1930.

6) Minutes of the Meeting of the Executive Committee of the Open Market Policy Conference, December 20, 1930.

7) Report of the Open Market Operation to the Meeting of the Open Market

Policy Conference, January 21, 1931.
8) 以下，Minutes of the Open Market Policy Conference, January 21, 1931, による。
9) 以下，Report of the Chairman of the Open Market Policy Conference to the Governor's Conference, April 29, 1931, による。
10) 以下，Minutes of the Meeting of the Open Market Policy Conference, April 29, 1931, による。
11) Minutes of the Meeting of the Executive Committee of the Open Market Policy Conference, June 22, 1931.
12) キンドルバーガーは，通常考えられている大不況の発生地およびその先頭に立った国は米国であるという見解に疑問を投げかけ，「その起源は，アメリカか，ヨーロッパか，周辺の一次生産諸国か，これらの諸国間の関係か，そのいずれにあったか」を問うている（C・P・キンドルバーガー著，石崎昭彦・木村一朗訳『大不況下の世界 1929－1939』東京大学出版会，1982年1月，263－265頁）。この問いに対する彼の答えは明示的ではないが，「世界経済が対称的に動くとすれば，世界不況は起るはずがない。」と述べ，当時の非対称的な世界経済（例えば，債権国の反インフレ政策に対する調整の債務国負担という非対称性，第一次産品の価格下落がもたらす所得配分効果における農業部門支出と非農業部門支出の非対称性，等）においては，一国で生じたデフレ圧力がひとたび他国に伝播すれば，不況は世界的規模で進行していかざるをえないとし，不況の発生地そのものより諸国間の関係（不安定な国際経済体制）を重視し，不況の先頭に立った国は米国であるという見解を否定している。これに対してシュワルツは大不況の発生地は米国であり，その先頭に立った国も米国であることを主張する。彼女によれば，その決定的な証拠は金動向にあるという。もし米国以外の諸国で不況が発生したとすれば，当該諸国の物価下落と所得減少によって米国の純輸出はマイナスとなり，米国から金が流出したはずだが，現実には米国に金が流入し続けた。そして，この流入した金を連邦準備制度が不胎化したので米国は世界経済にデフレ圧力をかけ不況の先頭に立ったことを強調している。Schwartz, A.J, "Understanding 1929-1933," Burunner, K., ed., *The Great Depression Revisited.*, Boston, Martnus Nijhoff, 1981.
13) 以下，Minutes of the Meeting of the Executive Committee of the Open Market

Policy Conference, June 22, 1931, による。
14) Report of the Open Market Operation to the Meeting of the Open Market Policy Conference, August 11, 1931.
15) 以下, Minutes of the Executive Committee of the Open Market Policy Conference, August 4, 1931, による。
16) Report of the Open Market Operation to the Meeting of the Open Market Policy Conference, August 11, 1931.
17) Memorandum on Credit Conditions for the Meeting of the Open Market Policy Conference, August 11, 1931.
18) 以下, Minutes of the Meeting of the Open Market Policy Conference, August 11, 1931, による。
19) Goldenweiser Papers in Wicker, E., *Federal Reserve Monetary Policy, 1917-33,* New York, Random House, 1966, p.162.
20) Friedman and Schwartz, *op, cit.*, pp.415-416.
21) この間のヨーロッパ情勢についての詳細は次の文献を参照した。侘美光彦, 前掲書, 620-649頁。林敏彦『大恐慌のアメリカ』岩波書店, 1988年, 94-96頁。平岡賢司「金本位制度と基軸通貨ポンド」深町郁弥編著『ドル本位制の研究』日本経済評論社, 1993年。吉沢法生『イギリス再建金本位制の研究』新評論, 1986年, 214-216頁。キンドルバーガー, 前掲訳書, 123-142頁。テミン, 前掲訳書, 84-116頁。Chandler, *op, cit.*, pp.160-174.
22) Preliminary Memorandum for the Open Market Policy Conference, November 30, 1931.
23) Friedman and Schwartz, *op, cit.*, pp.381-382.
24) Hearings, Committee on Banking and Currency, U.S. Senate, 72nd, Congress. 1st Session, 1932 in Wicker, *op, cit.*, p.168.
25) Preliminary Memorandum on Credit Conditions for the Meeting of the Executive Committee of the Open Market Policy Conference, October 26, 1931.
26) Minutes of the Meeting of the Executive Committee of the Open Market Policy Conference, October 26, 1931.
27) Minutes of the Meeting of the Open Market Policy Conference, November 30, 1931.
28) Preliminary Memorandum for the Open Market Policy Conference, November

30, 1931.
29) Report of the Open Market Operations to the Meeting of the Open Market Policy Conference, January 11, 1932.

第3章第3節

1) 1933年3月における米国銀行制度の最終的崩壊に至るまでの経緯は，平田，前掲書，45-52頁，Friedman and Schwartz, *op, cit.*, pp.324-328, Chandler, *op, cit.*, pp.213-224, *Annual Report of the Federal Reserve Board* for 1933, pp.3-10, を参照した。
2) *Annual Report of the Federal Reserve Bank of New York* for 1933, p.5.
3) 2月初めから3月4日までに流通通貨は18億3,000万ドル増大し，そのうち3億200万ドルは金および金証券の形態をとった。*Annual Report of the Federal Reserve Board* for 1933, p.8.
4) *Annual Report of the Federal Reserve Bank of New York* for 1933, p.7.
5) Chandler, *op, cit.*, p.211.
6) Board of Governors of the Federal Reserve System, *Banking and Monetary Statistics, 1914-1941*, 1943, pp.72-74.
7) 以下，Minutes of the Meeting of the Open Market Policy Conference, January 11, 1932, による。
8) Wicker, *op, cit.*, p.169.
9) Preliminary Memorandum for the Open Market Policy Conference, February 24, 1932.
10) 以下，Minutes of the Meeting of the Open Market Policy Conference, February 24, による。
11) 大恐慌期におけるこのような財政・金融一体化政策の詳細については，高山洋一『ドルと連邦準備制度』新評論，1982年，220-230頁，を参照されたい。
12) Minutes of the Meeting of the Executive Committee of the Open Market Policy Conference, April 5, 1932.
13) ゴールズ・ボロ法案は，「『現在の下落した卸売物価水準を可能な限り速やかに下落以前の水準に引き上げること，およびその後その水準を維持するために可能なあらゆる手段をとる権限を連邦準備局と連邦準備銀行に与える』（第三条十項）ことを目的としており，その主たる手段は連銀当局による公開市

場操作,および金の公定価格変更にあった。」秋元英一『ニューディールとアメリカ資本主義-民衆運動史の観点から』東京大学出版会,1989年,57-58頁。

14) Chandler, *op. cit.*, pp.195-196.
15) 以下,Minutes of the Meeting of the Open Market Policy Conference, April 12, 1932, による。
16) キンドルバーガー,前掲訳書,159頁。
17) Chandler, *op. cit.*, p.201.
18) Preliminary Memorandum for the Open Market Policy Conference, May 18, 1932.
19) Minutes of the Meeting of the Open Market Policy Conference, May 18, 1932.
20) Minutes of the Meeting of the Executive Committee of the Open Market Policy Conference, May 18, 1932.
21) Preliminary Memorandum for the Open Market Executive Committee, June 16, 1932.
22) Minutes of the Meeting of the Executive Committee of the Open Market Policy Conference, June 16, 1932.
23) フリードマン=シュワルツによると,6月下旬から7月初旬にかけてシカゴおよびボストン連銀から買いオペの停止を求める圧力があった。ニューヨーク連銀重役会副議長を務めるヤングとニューヨーク連銀副総裁のバージェス（公開市場政策会議担当秘書）は,購入計画が停止されれば,われわれに残された政策は何一つないとし,ボストンとシカゴの同意が得られなくとも買いオペを継続すべきであると主張した。しかし,ハリソンは諸連銀の意向を無視してまで,強引にニューヨーク連銀の先行政策にそれらを引き込むことには反対した。Friedman and Schwartz, *op. cit.*, p.387. 消極的な提案の背景には,このような事情があったのかもしれない。
24) Minutes of the Meeting of the Open Market Policy Conference, July 14, 1932.
25) Preliminary Memorandum for the Open Market Policy Conference, November 15, 1932.
26) Minutes of the Meeting of the Open Market Policy Conference, November 15, 1932.
27) 以下,Minutes of the Meeting of the Open Market Policy Conference, January

4, 1933, による。
28) Friedman and Schwartz, *op, cit.*, p.391.

終章

1) *Ibid.*, pp.407-419.
2) Burunner, K, and A.H. Meltzer, "What Did We Learn from the Monetary Experience of the United States in the Great Depression?," *Canadian Journal of Economics,* May 1968, pp.334-348.
3) Wicker, E. A., "Federal Reserve Monetary Policy, 1922-33: A Reinterpretation," *Journal of Political Economy,* August 1965. Wheelock, D.C., "Member Bank Borrowing and the Fed's Contractionary Monetary Policy during the Great Depression," *Journal of Money, Credit, and Banking,* Vol.22, November 1990.
4) Chandler, L.V., *Benjamin Strong, Central Banker,* Washington, D.C., Brooking Institution, 1958, p.265.

参考文献

連邦準備制度資料・統計・定期刊行物

Kesaris, P., ed., *Papers of the Federal Reserve System, Part II, Minutes of Meetings of the Federal Open Market Committee, 1923-1975*, Microfilm, Frederick, University Publication of America, 1983.

Board of Governors of the Federal Reserve System, *Banking and Monetary Statistics, 1914-1941*, Washington, D.C., Government Printing Office, 1943.

Annual Report of the Federal Reserve Bank of New York.

Annual Report of the Federal Reserve Board.

Annual Report of the Board of Governors of the Federal Reserve System.

Federal Reserve Bulletin.

英語文献

Beckhart, B.H., *Federal Reserve System*, New York, American Institute of Banking, 1972. (ベンジャミン・H・ベックハート著, 矢尾次郎監訳『米国連邦準備制度』東洋経済新報社, 1978年)。

Bernanke, B.S., "Nonmonetary Effects of the Financial Crisis in the Propagation of the Great Depression," *American Economic Review*, Vol.73, June 1983.

Bernanke, B.S., "The World on a Cross of Gold," *Journal of Monetary Economics*, Vol.31, 1993.

Bernanke, B.S., *Essays on the Great Depression*, Princeton, Princeton University Press, 2000. (ベン・S・バーナンキ著, 栗原潤・中村亨・三宅敦史訳『大恐慌論』日本経済新聞出版社, 2013年)。

Bernanke, B.S., *The Courage to Act, A Memoir of a Crisis and its Aftermath*, New York, Norton, 2015. (ベン・S・バーナンキ著, 小此木潔監訳『危機と決断 上・下』角川書店, 2015年)。

Bernstain, M.A., *the Great Depression, Delayed Recovery and Economic Change in America*, 1929-1939, Cambridge, Cambridge University Press, 1987. (M・A・バーンスタイン著, 益戸欽也・鵜飼真一訳『アメリカ大不況・歴史的経験

と今日的意味』サイマル出版会, 1991 年)。

Burgess, W.R., *The Reserve Banks and Money Market*, New York, Harper, 1927.

Burunner, K., ed. *The Great Depression Revisited.*, Boston, Martnus Nijhoff, 1981.

Burunner, K., and A.H. Meltzer, "What Did We Learn from the Monetary Experience of the United States in the Great Depression?," *Canadian Journal of Economics*, May 1968.

Chandler, L.V., *Benjamin Strong, Central Banker*, Washington, D.C., Brookings Institution, 1958.

Chandler, L.V., *American's Great Depression, 1924-1941*, New York, Haper & Row, 1970.

Chandler, L.V., *American Monetary Policy, 1928-1941*, New York, Haper & Row, 1971.

Eichngreen, B., ed, *Monetary Regime Transformation*, New York, McGraw-Hill, 1989.

Eichngreen, B., *Golden Fetter: The Gold Standard and the Great Depression, 1919-1939*, New York, Oxford University Press, 1992.

Eichngreen, B., and J. Sachs, "Exchange Rates and Economic Recovery in 1930s," *Journal of Economic History*, Vol.45, December 1985.

Friedman, M., *The Optimum Quantity and Other Essays*, Chicago, Aldine, 1969.

Friedman. M., and A.J. Schwartz, *A Monetary History of the United States, 1867-1960*, Princeton, Princeton University Press, 1963. (第 7 章 the Great Contraction 1929-1933, については, M・フリードマン／A・シュウォーツ著, 久保恵美子訳『大収縮 1929-1933』日経 BP 社, 2009 年)。

Galbraith, J.K., *The Great Crash 1929*, Boston, Houghton Mifflin, 1952. (J・K・ガルブレイス著, 小原敬士・伊藤政吉訳『大恐慌 1929』TBS ブリタニカ, 1980 年)。

Gallbraith, J.K., A Short History of Financial Euphoria, Tennessee, Whittle Direct Books, 1990. (J・K・ガルブレイス著, 鈴木哲太郎訳『バブル物語　暴落の前に天才がいる』ダイヤモンド社, 1991 年)。

Garber, P.M., and S.R. Weisbrod, *The Economics of Banking, Liquidity, and Money*, Lexington, D.C. Heath and Company, 1992. (P・M・ガーバー／S・R・ワイズブロド著, 吉野直行・真殿達・渡邊博史監訳『アメリカ金融入門』日本

評論社,1992 年)。

Geisst, C.R., *Wall Street, A History*, Oxford, Oxford University Press, 1977.(C・R・ガイスト著,中山良雄訳・入江吉正編『ウォールストリートの歴史』フォレスト出版,2001 年)。

Geithner, T.F., *Stress Test: Reflection on Financial Crises*, New York, Crown publishers, 2014.(T・F・ガイトナー著,伏見威蕃訳『ガイトナー回顧録−金融危機の真相』日本経済新聞出版社,2015 年)。

Goldenweiser, E.A., *Federal Reserve System in Operation*, New York, McGrow-Hill, 1925.

Goldenweiser, E.A., *American Monetary Policy*, New York, McGrow-Hill, 1951.

Gordon, R.J., ed., *Milton Friedman's Monetary Framework*, Chicago, University of Chicago Press, 1974.(J・R・ゴードン編,加藤寛孝訳『フリードマンの貨幣理論−その展開と論争』マグロウヒル社,1978 年)

Hardy, C. O., *Credit Policies and the Federal Reserve System*, Washington, D.C., Brookings Institution, 1932.

Hamilton, J., "Monetary Factors in the Great Depression," *Journal of Monetary Economics*, Vol.19, March 1987.

Howden, D., and J.T. Salerno, ed., *The Fed at One Hundred*, New York, Springer, 2014.

Hall, T.E., and J.D. Ferguson, *The Great Depression: An International Disaster of Perverse Economic Policies*, Ann Arbor, The University of Michigan Press, 1988.(T・E・ホール/J・D・ファーグソン著,宮川重義訳『大恐慌−経済政策の誤りが引き起こした世界的な厄介−』多賀出版,2000 年)。

Kindlberger, C.P., *The World in the Depression 1929-1939*, Berkeley, University of California Press, 1973.(C・P・キンドルバーガー著,石崎昭彦・木村一朗訳『大不況下の世界 1929−1939』東京大学出版会,1982 年)。

Luckett, D.G., *Money and Banking*, 3ed, New York, McGrow-Hill, 1984.

Mckinney, Jr, G.W., *the Federal Reserve Discount Window*, New Brunswick, Rutgers University Press, 1960.

Meek, P., U.S. *Monetary Policy and Financial Market*, Federal Reserve Bank of New York, 1982.(P・ミーク著,日本銀行米国金融市場研究会訳『米国の金融政策と金融市場』時事通信社,1984 年)。

Meltzer, A.H., *A History of the Federal Reserve*, Vol.1, Chicago, the University of Chicago Press, 2003.

Michael, D.B., and R. William, ed., *The Origins, History, and Future of the Federal Reserve*, Cambridge, Cambridge University Press, 2013.

Minshkin, F.S., "The Household Balance Sheet and The Great Depression," *Journal of Economic History*, Vol.38, December 1978.

Meulendyke, A., *U.S. Monetary Policy and Financial Market*, Federal Reserve Bank of New York, 1998.（A・ミューレンダイク著，立脇和夫・小谷野俊夫訳『アメリカの金融政策と金融市場』東洋経済新報社，2000年）。

Reed, H.L., *The Development of Federal Reserve Policy*, Boston, Houghton Miffklin, 1922.

Riefler, W.W., *Money Rates and Money Market in the United States*, New York, Haper & Row, 1930.

Rosenberg, E.S., *Financial Missionaries to the World, the Politics and Culture of Dollar Diplomacy, 1900-1930*, Cambridge, Harvado University Press, 1999.

Schwartz, A.J., "Understanding 1929-1933," Burunner, K., ed., *The Great Depression Revisited*, Boston, Martnus Nijhoff, 1981.

Schwartz, A. J, "Real and Pseudo-financial Crises," Capie, F., and G. Woo, ed., *Financial Crises and the World Banking System*, London, Macmillan, 1986.

Temin., P., *Did Monetary Forces Cause the Great Depression?*, New York, W.W. Norton, 1976.

Temin, P., "Notes on the Causes of the Great Depression," Burunner, K., ed., *The Great Depression Revised*, Boston, Martnus Nijhoff, 1981.

Temin, P., *Lessons from the Great Depression: the Lionel Robbins Lectures for 1989*, Cambridge, MIT Press, 1989.（P・テミン著，猪木武徳・山本貴之・鳩沢歩訳『大恐慌の教訓』東洋経済新報社，1994年）。

West, R., *Banking Reform and the Federal Reserve 1863-1923*, Ithaca, Conell University Press, 1977.

Weyforth, W.O., *The Federal Reserve Board*, Baltimore, Johns Hopkins Press, 1933.

Wheelock, D.C., "Member Bank Borrowing and the Fed's Contractionary Monetary Policy during the Great Depression," *Journal of Money, Credit, and Banking*,

Vol.22, November 1990.
Wheelock, D.C., *The Strategy and Consistency of Federal Reserve Monetary Policy, 1924-1933*, Cambridge, Cambridge University Press, 1991.
Wheelock, D.C., "Monetary Policy in the Great Depression: What the Fed Did, and Why," *Federal Reserve Bank of ST, Luis, Review*, March and April, 1992.
Wicker, E, A., "Federal Reserve Monetary Policy, 1922-33: A Reinterpretation," *Journal of Political Economy*, August 1965.
Wicker, E, A., *Federal Reserve Monetary Policy*, New York, Random House, 1966.
Wills, H, P., *The Federal Reserve System*, New York, Ronald House, 1923.

邦語文献

秋元英一『ニューディールとアメリカ資本主義－民衆運動史の観点から』東京大学出版会，1989年．
秋元英一「1929年の大恐慌再論」千葉大学『経済研究』第27巻第4号，2013年3月．
伊賀隆，菊本義治，藤原秀夫『マネタリストとケインジアン』有斐閣，1983年．
祝迫得夫「1920年代のアメリカ経済の構造変化と大恐慌」一橋大学『経済研究』第57巻第3号，2006年7月．
岩田規久男「「日銀理論」を放棄せよ」『週刊東洋経済』1992年9月12日号，東洋経済新報社．
岩田規久男『金融政策の経済学－「日銀理論」の検証』日本経済新聞社，1993年．
岩田規久男編著『金融政策の論点－検証・ゼロ金利政策』東洋経済新報社，2000年．
岡田泰男『アメリカ経済史』慶應義塾大学出版会，2000年．
翁邦雄「日銀理論は間違っていない」『週刊東洋経済』1992年10月10日号，東洋経済新報社．
翁邦雄『金融政策－中央銀行の視点と選択』東洋経済新報社，1993年．
小塩隆士『新・日銀ウオッチング』日本経済新聞社，2000年．
小野英祐『両大戦期間におけるアメリカの短期金融機関』御茶の水書房，1970年．
小野英祐「連邦準備制度の設立過程（1）～（4）」立正大学『経済学季報』第20巻第1・2号，1971年3月，第21巻3・4号，1972年10月，第22巻第1・2号，1973年2月，第22巻3・4号，1973年3月．
小林清人「連邦準備制度と金融政策の形成－第1次大戦後のアメリカ金融市場の

構造（1）」法政大学『経営志林』第 7 巻 1 号，1970 年 4 月。
小林真之『株式恐慌とアメリカ証券市場－両大戦間期の「バブル」の発生と崩壊』北海道大学図書刊行会，1998 年。
貝塚啓明・池尾和人編著『金融理論と制度改革』有斐閣，1992 年。
加藤出『日銀は死んだのか？－超金融緩和政策の功罪』日本経済新聞社，2001 年。
加藤寛孝『幻想のケインズ主義－現代経済常識の崩壊』日本経済新聞社，1986 年。
加藤正秀「第一次大戦期におけるアメリカの通貨金融政策」立正大学『経済学季報』第 16 巻 1 号，1966 年。
加藤正秀「1920 年代前半におけるドルとポンド」立正大学『経済学季報』第 16 巻 2 号，1966 年。
川口慎二『銀行流動性論』千倉書房，1961 年。
楠井敏郎『法人資本主義の成立－20 世紀アメリカ資本主義分析序論』日本経済評論社，1994 年。
重原久美春編著『金融理論と金融政策の新展開』有斐閣，1992 年。
柴田徳太郎「アメリカ金融恐慌下の金本位制停止（1931－1933 年）」西南学院大学『経済学論集』第 18 巻第 4 号，1984 年 3 月。
柴田徳太郎「マネタリストの大恐慌論」西南学院大学『経済学論集』第 19 巻第 3 号，1984 年 12 月。
柴田徳太郎『大恐慌と現代資本主義』東洋経済新報社，1996 年。
鈴木直次「フリードマン＝シュワルツの大恐慌論」専修大学『専修経済学論集』第 19 号 1 巻，1984 年 7 月。
鈴木芳徳『金融・証券論の研究』白桃書房，2004 年。
鈴木芳徳『グローバル金融資本主義－ドル離れとサブプライムローンの深淵』白桃書房，2008 年。
須藤功「合衆国貨幣市場の国際的位置と連邦準備制度の設立」藤瀬浩司・吉岡昭彦編『国際金本位制度と中央銀行政策』名古屋大学出版会，1987 年。
高山洋一『ドルと連邦準備制度』新評論，1982 年。
高山洋一「第一次世界大戦前米国の通貨と金融」酒井和夫・西村閑也編『比較金融史研究』ミネルヴァ書房，1992 年。
玉野井昌夫，長幸男，西村閑也編『戦間期の通貨と金融』有斐閣，1982 年。
高木仁『アメリカの金融制度』東洋経済新報社，1986 年。
侘美光彦『世界大恐慌－1929 年恐慌の過程と原因－』御茶の水書房，1994 年。

土生芳人『大恐慌とニューディール財政』東京大学出版会，1989 年。
戸田荘一『アメリカにおける銀行危機と連邦預金保険制度』白桃書房，2014 年。
戸田荘一「反グローバリゼーション－一体今，何が起こっているのか－」神奈川大学『神奈川大学評論』第 90 号，2018 年 7 月。
西川純子・松井和夫『アメリカ金融史』有斐閣 1989 年。
西戸隆義「リーフラー＝バージェス・ドクトリン再考－大不況期の連邦準備政策との関連で－」下関市立大学『下関市立大学論集』第 44 巻第 1 号，2000 年 5 月。
西戸隆義「大恐慌期における借入準備の動向」証券経済学会『証券経済学会年報』第 39 号，2004 年 5 月。
日本銀行調査局訳「連邦準備法」，昭和 32 年 9 月。
林敏彦『大恐慌のアメリカ』岩波書店，1988 年。
平井規之「1929 年恐慌論サーヴェイ」一橋大学『経済研究』第 27 巻 1 号，1976 年 1 月。
平井規之『大恐慌とアメリカ財政政策の展開』岩波書店，1988 年。
平岡賢司「金本位制度と基軸通貨ポンド」深町郁弥編著『ドル本位制の研究』日本経済評論社，1993 年。
平田喜彦『アメリカの銀行恐慌 1929～1933 年－その過程と原因分析－』御茶の水書房，1969 年。
山本栄治『基軸通貨の交替とドル－「ドル本位制」研究序説』有斐閣，1988 年。
吉富勝『アメリカの大恐慌』日本評論社，1965 年。
吉沢法生『イギリス再建金本位制の研究』新評論，1986 年。

あとがき

　本書は，1997 年に執筆した博士論文『大不況期における米国連邦準備制度の金融政策』をベースにして，大恐慌期の米国金融政策について新たに書き下ろしたものである。出版に先立って，私が勤務する下関市立大学の紀要『下関市立大学論集』に，試論として 4 回に分けて掲載した（創立 60 周年記念論文集，2017 年 1 月，第 61 巻第 1 号，2017 年 5 月，第 61 巻第 3 号，2018 年 1 月，第 62 巻第 1 号，2018 年 5 月）。これに修正をほどこし，用語の統一を図り，そして一部加筆したものが，本書『大恐慌期の米国金融政策』である。

　本書を執筆した理由は二つある。一つは，私の知る限りでは，大恐慌期の米国金融政策そのものを本格的に取り上げた研究書が，日本において刊行されていないことである。周知の通り，大恐慌期の連邦準備政策の失態を強調したのは，Friedman, M., and A.J. Schwartz, *A Monetary History of the United States, 1867-1960*, の第 7 章，The Great Contraction 1929-1933, においてである。この中で著者たちは当時の連邦準備制度の政策意思決定過程を詳細に分析している。筆者は，この研究から強い影響を受けており，本書の執筆の動機もこの研究に刺激されたからである。しかし，この期間の連邦準備制度の政策意思決定過程を詳述している邦語文献は，久保恵美子氏によるこのフリードマン＝シュワルツの The Great Contraction 1929-1933, の翻訳書，『大収縮 1929－1933』，日経 BP 社，2009 年 9 月，があるくらいで，他には見当たらない。金融危機が起こるたびに，フリードマン＝シュワルツが断罪した大恐慌期の連邦準備制度の失態が引き合いに出されるわりには，日本では当時の連邦準備政策の研究が進んでいないという思いがある。

　もう一つの理由は，日本におけるバブル崩壊後の 1990 年代の金融危機時における日銀の政策対応と，米国における 2008 年のサブプライム危機時の

リーマンショック後の連邦準備制度の政策対応が対照的であったことによる。日本では1997年～1998年にかけて大手金融機関が破綻し金融危機に見舞われたが，当時の日銀の金融政策は従来の政策金利を重視するスタンスに変わりなく，2001年になってようやく日銀は金利ではなく日銀当座預金残高を重視する量的緩和政策に着手した。他方，米国ではサブプライム危機時の2008年9月にリーマンブラザーズが破綻すると，連邦準備制度はすぐに金融政策のスタンスを政策金利からマネタリー・ベース重視に変更している。この両国の対応の違いを考えたとき，かつてブルンナーとメルツァーが述べた言葉が頭の中をよぎった。すなわち，中央銀行が金利を重視する限り，われわれは大恐慌期の連邦準備制度の金融政策から何も学ばないことになってしまうであろう。明らかに連邦準備制度はこの金融政策に関する教訓を意識しており，日銀にはその意識がなかったと考えざるをえない。そこで大恐慌期の連邦準備政策の考察から示唆される教訓めいたものを改めて示したい思いが，本書を執筆した理由の一つである。

　本書の刊行に際しては，神奈川大学名誉教授・戸田壯一先生に大変お世話になった。先生の助言がなければ，この研究を著書として刊行する機会はなかった。また日頃の公私にわたる様々なご厚意に，この場をかりて厚くお礼申し上げたい。本書の校閲と校正では，現在一橋大学大学院経済学研究科に在学する藤本一輝君に大変お世話になった。感謝申し上げる。このような拙い研究成果の出版を快諾なさってくださった，白桃書房の大矢栄一郎氏には，心より厚くお礼申し上げる。

　ささやかな研究成果ではあるが，本書を故鈴木芳徳先生に捧げる。

　　令和元年　初夏

西戸隆義

著者略歴

西戸隆義（にしど　たかよし）
- 1957年　横浜に生まれる
- 1987年　神奈川大学大学院経済学研究科修士課程修了
- 1997年　神奈川大学大学院経済学研究科博士課程修了，博士（経済学）
- 1999年　下関市立大学助教授
- 2007年　下関市立大学准教授，現在に至る

主要論文

「大恐慌期の流動性問題と信用収縮について」ESP（Economic Society Policy），第357号，2002年1月

「大恐慌期における借入準備の動向」証券経済学会年報，第39号，2004年5月

「第二次世界大戦期における米国連邦準備政策（上）（下）」下関市立大学論集，第58巻第1号，2014年5月，第58巻第2号，2014年9月

■ 大恐慌期の米国金融政策
（だいきょうこうき　べいこくきんゆうせいさく）

■ 発行日──2019年9月26日　　初版発行　　〈検印省略〉

■ 著　者──西戸　隆義
　　　　　　（にしど　たかよし）

■ 発行者──大矢栄一郎

■ 発行所──株式会社 白桃書房
　　　　　　（はくとうしょぼう）
　　　　　　〒101-0021　東京都千代田区外神田5-1-15
　　　　　　☎ 03-3836-4781　FAX 03-3836-9370　振替 00100-4-20192
　　　　　　http://www.hakutou.co.jp/

■ 印刷・製本──三和印刷

Ⓒ Takayoshi Nishido 2019　Printed in Japan
ISBN978-4-561-86052-5　C3033

本書のコピー，スキャン，デジタル化等の無断複製は著作権法上での例外を除き禁じられています。本書を代行業者等の第三者に依頼してスキャンやデジタル化することは，たとえ個人や家庭内の利用であっても著作権法上認められておりません。

JCOPY ＜出版者著作権管理機構　委託出版物＞
本書の無断複写は著作権法上での例外を除き禁じられています。複写される場合は，そのつど事前に，出版者著作権管理機構（電話 03-5244-5058，FAX 03-5244-5089，e-mail: info@jcopy.or.jp）の許諾を得てください。

落丁本・乱丁本はおとりかえいたします。

好 評 書

鈴木芳徳【著】
わかりやすい
証券市場論入門 本体 2,500 円

戸田壯一【著】
アメリカにおける銀行危機と連邦預金保険制度 本体 4,000 円
神奈川大学経済貿易研究所叢書

佐藤 猛【著】
証券理論モデルによるブラック・マンデーの原因究明 本体 4,000 円

太田康信【著】
ファイナンスの数理 本体 4,000 円
――金融リスクと縮減法

中村竜哉【著】
コーポレート・ファイナンス 本体 2,800 円
――理論と現実

花枝英樹【著】
企業財務入門 本体 3,900 円

――――――――― 東京 白桃書房 神田 ―――――――――

本広告の価格は本体価格です。別途消費税が加算されます。